Antje Schweitzer
Heinz-Josef Simons

Immobilien ersteigern

Haus und Grund, Eigentumswohnungen

Compact Verlag

Umschlaggestaltung: Inga Koch
Redaktion: Anne Kaspar
ISBN 3-8174-2408-6
2424081

Vorwort

Wer ein »Immobilien-Schnäppchen« sucht oder vielleicht sogar die eigene »Traumimmobilie« – zur Eigennutzung oder als vermietete Kapitalanlage –, findet immer häufiger bei Versteigerungen das richtige Angebot.

Aber: Wer bei einer Versteigerung den Zuschlag erhalten will, muß einiges über die verfahrenstechnischen Abläufe und Regeln wissen.

Dabei hilft dieser praktische Ratgeber. Von der richtigen Zeitplanung, über wichtige Objektdaten und deren Auswertung bis hin zur erfolgreichen Bietstrategie werden alle wichtigen Fragen aufgegriffen und leicht verständlich beantwortet. Darüber hinaus werden mit zahlreichen Checklisten, Praxistips und Beispielen wichtige Entscheidungshilfen gegeben.

Inhalt

I. Grundsätzliches, bevor Sie eine Immobilie ersteigern

Viele Wege führen bekanntlich nach Rom, doch nur ganze vier zur eigenen Immobilie: Bauen, kaufen, erben bzw. geschenkt bekommen und eben ein Haus oder eine Wohnung ersteigern. Der bequemste Weg, stolzer Immobilieneigentümer zu werden, ist sicherlich die Schenkung bzw. die Erbschaft. Kein Ärger mit Behörden, Architekten, Handwerkern oder Maklern. Viele Immobilieninteressenten sind der Meinung, wenn sie ein Haus oder eine Wohnung beim Amtsgericht ersteigern, ginge das ähnlich unproblematisch.Wer jedoch wirklich ein »Schnäppchen« bei einer Immobilienversteigerung machen möchte, der muß schon lange vorher diese ganz besondere Art des Immobilienerwerbs strategisch planen.

Wichtig
Bei der Schnäppchenjagd können Sie vieles richtig machen, aber auch alles falsch. Genau das könnte unliebsame finanzielle Konsequenzen nach sich ziehen, die Ihnen und Ihrer Familie die Freude am eigenen Heim verderben. Mit Ihrer Entscheidung, ein Haus oder eine Wohnung zu ersteigern, haben Sie theoretisch den ersten Schritt zum günstigen Erwerb einer Immobilie gemacht. Doch eben nur den ersten Schritt, denn es folgt noch ein langer Weg, bis Sie endlich in Ihrem Eigentum wohnen.

1. Art der Immobilie

Zunächst müssen Sie sich klar darüber werden, welche Art von Immobilie Sie überhaupt suchen. Wollen Sie ein Haus oder eine Eigentumswohnung, möchten Sie die Immobilie selbst bewohnen, vermieten oder gemischt nutzen, ein Zweifamilien- oder ein Einfamilienhaus mit Einliegerwohnung, also das Objekt zum Teil selbst bewohnen und teilweise vermieten? Auch die Größe des Objekts spielt keine untergeordnete Rolle. Davon hängt nämlich maßgeblich der Verkehrswert der Immobilie und dementsprechend auch der Versteigerungspreis (Fachbegriff: **Steigpreis**) ab, der einen bestimmten Prozentsatz vom Verkehrswert ausmacht. Wie groß das Haus oder die Eigentumswohnung sein soll, resultiert im Grunde aus den eigenen Wünschen und Bedürfnissen. Verständlich, daß eine fünfköpfige Familie mehr Wohnraum benötigt als ein Ehepaar ohne Kinder oder ein Single. Es sei denn, die letztgenannten stellen so hohe Ansprüche an Wohnkultur und Weltläufigkeit, daß ein entsprechend großes Raumangebot im zu ersteigernden Objekt vorhanden sein muß.

Machen Sie sich frühzeitig darüber Gedanken, in welchem baulichen Zustand die Immobilie sein soll. Bekanntlich geht es spätestens zehn Jahre nach Fertigstellung eines Hauses oder einer Wohnung mit den Reparaturen los. Sind Sie handwerklich begabt oder können schon von berufswegen richtig mit Wasserwaage, Hammer, Zange oder Schraubenzieher umgehen, dann dürfte ein relativ frühes Baujahr (vor 1960) für Sie kein Problem sein. Anfallende Reparaturen oder Modernisierungen können Sie dann selbst kostengünstig ausführen.

Wichtig
Das Jahr der Fertigstellung einer Immobilie allein sagt noch nicht viel aus über den heutigen baulichen Zustand. Überlegen Sie sich, welche Mängel Sie im Zweifelsfall noch akzeptieren würden. Vorausgesetzt, daß Sie das Objekt in einem solchen Fall beträchtlich unter dem Verkehrswert (z.B. 40 oder 50 Prozent) ersteigern können.

Wenn hier von »Mängeln« die Rede ist, dann geht es nicht so sehr um kleinere Schäden an Fliesen, Fugen oder den Tapeten. Wenn Sie das Haus nämlich erst bewohnen, werden Ihnen mit der Zeit sicherlich noch viele Dinge auffallen, die erneuert oder ausgebessert werden müssen. Solche Mängel sind vielmehr gravierende, weil substantielle Schäden. Diese auszubessern kostet mitunter sehr viel Geld. Wenn denn eine Reparatur überhaupt möglich ist. Denken Sie deshalb darüber nach, in welchem baulichen Zustand Treppen, Böden, Wände, Dach und Fundament sein sollen, damit das »Preis-Leistungs-Verhältnis« der Immobilie für Sie noch akzeptabel ist.
Erst wenn Sie sich über die genannten Punkte Gedanken gemacht und sich entschieden haben, sollten Sie sich um die Feinheiten kümmern. Dazu gehören Ihre Vorstellungen über den Zuschnitt und die Ausstattung der Immobilie. Was nützt beispielsweise einer fünfköpfigen Familie eine hundert Quadratmeter große Eigentumswohnung, deren Hauptbestandteil ein riesiges Wohnzimmer ist, die dafür aber kein Kinderzimmer hat? Und auch die von Ihnen gewünschte Ausstattung des Objekts – also das, was Bauherren oder Käufer von Neubauten gemeinhin als »Sonderwünsche« bezeichnen – sollte Gegenstand Ihrer Überlegungen sein.

Merke: Je hochwertiger und aufwendiger die Ausstattung, desto höher der Verkehrswert und zwangsläufig auch der Preis, zu dem Sie bei der Versteigerung den Zuschlag erhalten.

2. Lage der Immobilie

Wie kann das funktionieren? Im Immobilienteil der Tageszeitung werden zwei im Grunde völlig identische Einfamilienhäuser angeboten. Dasselbe Baujahr, dieselbe Wohnfläche, dieselbe Grundstücksgröße. Dennoch ist das eine rund 60 000 Mark oder 10 Prozent preiswerter als das andere. Der Preisunterschied ist einfach zu erklären. Die Lage der beiden Immobilien ist dafür ausschlaggebend, daß die eine teurer als die andere ist. Immobilienexperten wissen, daß der Verkehrswert eines Hauses oder einer Eigentumswohnung in erheblichem Maß von der Lage abhängig ist. In guten oder ausgezeichneten Lagen sind die prozentualen Wertsteigerungen einer Immobilie höher als in nur durchschnittlichen oder gar schlechteren Lagen. Vermieter, die ihr Eigentum als Kapitalanlage betrachten, können in guten oder sehr guten Lagen höhere Netto-Kaltmieten verlangen als andernorts. Und schließlich lassen sich solche Immobilien weitaus schneller und günstiger verkaufen als andere, die nicht an bevorzugten Standorten zu finden sind.

Wenn Sie ein Objekt ersteigern wollen, dann sollten Sie sich also frühzeitig auch über die Lage des Ideal-Objekts Gedanken machen. Erneut gilt: Je besser die Lage, desto höher der Verkehrswert und desto höher zwangsläufig der Preis, zu dem Sie bei einer Versteigerung den Zuschlag erhalten. Absolute Spitzenstandorte, möglichst noch zu einem geringen Preis, sind auch bei Versteigerungen in der Regel nicht zu bekommen. Unterscheiden Sie deshalb sehr sorgfältig in Ihren Planungen Wunsch und Wirklichkeit und überlegen Sie, zu welchen Zugeständnisssen Sie in punkto Lage bereit sind.

Inwieweit ein Immobilienstandort eine Spitzenlage oder eine schlechte Lage darstellt, ist im Grunde anhand objektiver Maßstäbe kaum zu beurteilen. Letztendlich bestimmen Angebot und Nachfrage den Preis einer Immobilie am jeweiligen Standort. So gibt es »Lagen«, die wie vom Künstler selbst gemalt anmuten, wo jedoch kaum jemand gerne wohnt, weil beispielsweise die Anbindung an den öffentlichen Personennahverkehr fehlt. Wenn Sie ein überzeugter Autofahrer sind, dürfte es Ihnen wohl gelingen, hier ein besonders günstiges Objekt zu ersteigern. Andererseits sind in den Großstädten bestimmte Innenstadtlagen außerordentlich beliebt, weil Sie gerade »entdeckt« wurden und deshalb besonders attraktiv sind. Die Preise klettern dann entsprechend, und auch bei einer Versteigerung dürfte kaum ein Objekt günstig zu bekommen sein. Mag sein, daß gerade diese Lage wegen Lärm, Abgasen und anderen Umwelteinflüssen Ihnen absolut nicht zusagt und Sie keine müde Mark für eine Eigentumswohnung oder ein Haus dort ausgeben würden. Skizzieren Sie sich deshalb frühzeitig die Ideallage der Immobilie. Orientieren Sie sich dabei an mehr oder weniger feststehenden Größen, bei denen Sie nicht bereit sind, Kompromisse einzugehen. Komplettieren Sie Ihre Skizze durch Standortkriterien, auf die Sie nicht bestehen.

Großstädte wie Berlin, Hamburg, Düsseldorf, Köln, Frankfurt, Stuttgart oder München haben aufgrund der zahlreichen Stadtteile dutzende möglicher Immobilienlagen, die unterschiedlich teuer sind. Stellen Sie also zunächst fest, in welchem Stadtteil Sie gerne wohnen möchten.

Wichtig

Fragen Sie beim örtlichen Haus- und Grundbesitzerverein (Adresse und Rufnummer im Telefonbuch) danach, wie hoch die Durchschnittspreise für Häuser und Eigentumswohnungen in der jeweiligen Region sind.

Womit bereits ein weiterer Aspekt Ihrer Standortüberlegungen angesprochen wird: grün oder grau? Mit anderen Worten: Schwärmen Sie mehr für das eher trubelige Leben in der Innenstadt oder für eine grüne und atmungsaktive Wohnlage am Rande oder in einem Vorort? Bedenken Sie: Grün und Ruhe haben ihre Vorteile, doch wenn der nächste Supermarkt, Arzt, Kindergarten und die Schule in 20 Kilometer Entfernung liegen, verliert auch der idyllischste Standort plötzlich an Attraktivität. Letztendlich sollten Sie sich auch die Frage stellen, ob Sie mit einem bestimmten Menschenschlag gut zurecht kommen. Nachbarn können sehr hilfeich sein, doch auch zum absoluten Horror werden. Unterschätzen Sie diesen Aspekt Ihrer Standortskizze keinesfalls.

Tip

Wenn Sie sich Gedanken über den Standort der zu ersteigernden Immobilie machen, dann sollten Sie möglichst zahlreiche Kriterien in Ihre Überlegungen einbeziehen. Nehmen Sie sich ein großes Blatt Papier zur Hand und schreiben in eine senkrechte Spalte am linken Rand all jene Kriterien, die Ihnen beim Thema Lage bzw. Standort in den Sinn kommen. Auf der Waagerechten schreiben Sie wichtig, weniger wichtig, unwichtig. Dann gehen Sie Punkt für Punkt Ihre Kriterien durch und beurteilen, welche Bedeutung jeder Punkt für Sie hat. Bei der Schlußbeurteilung werden Sie dann erkennen, bei welchen Aspekten der Standortfrage Sie keine Kompromisse eingehen möchten, welche diskutabel und welche für Sie völlig tungslos sind.

3. Richtige Zeitplanung

Zwar heißt es gemeinhin »Zeit ist Geld«, aber es wäre ein schlechter Tip, Ihnen zu Hast und Eile zu raten, wenn Sie eine Immobilie ersteigern wollen.Tun Sie nicht den zweiten Schritt vor dem ersten. Denn das wichtigste Kriterium Ihrer Zeitplanung ist, für den Immobilienerwerb bei der Versteigerung eine solide Finanzierung auf die Beine zu stellen. Genau diese sollten Sie einige Wochen, bevor der Versteigerungstermin datiert ist, gesichert haben. Was nützt Ihnen ein wunderschönes Haus, wenn weder Ihre eigenen Geldmittel ausreichen, es zu ersteigern, noch Sie eine Bank oder Sparkasse gefunden haben, die Ihnen ein Hypothekendarlehen gewährt.

Daraus folgt: Wenn Sie in Ihrer Zeitung den Hinweis auf einen Versteigerungstermin in ein oder zwei Wochen lesen, dann sollten Sie keineswegs mit dem Gedanken spielen, dort mitzubieten. Auch wenn das angebotene Objekt noch so attraktiv und preisgünstig erscheint. Die Zeit reicht einfach nicht aus, sich um eine solide Finanzierungsstrategie zu kümmern.

Wichtig
Nehmen Sie nur solche Versteigerungstermine wahr, die erst in vier oder fünf Monaten datiert sind. So haben Sie ausreichend Zeit, Ihren Immobilienerwerb zu planen.

Im folgenden die Punkte, auf die Sie bei Ihrer Zeitplanung besonders achten sollten:

- Vermögensübersicht: Jeder Immobilienerwerb, ob Bau, Kauf oder Ersteigerung, sollte solide finanziert werden. Dies bedeutet in aller Regel, daß Sie rund 30 Prozent Eigenkapital zur Verfügung haben sollten und den Rest von einer Bank oder Versicherungsgesellschaft als Hypothekendarlehen erhalten. Zum Eigenkapital zählen sämtliche Guthaben auf Sparkonten, Termingelder, Anlagen in festverzinslichen Wertpapieren und Aktien. Möglicherweise haben Sie auch einen oder mehrere Bausparverträge, die in Kürze zuteilungsreif sind. Dies bedeutet: Die Bausparkasse stellt Ihnen ein zinsgünstiges Baudarlehen zur Verfügung. Erkundigen Sie sich deshalb bei Ihrer Bausparkasse, wann genau der Vertrag zugeteilt werden soll. Dadurch erhalten Sie finanzielle Planungssicherheit, weil das günstige Bauspardarlehen teure Kredite von der Bank oder Versicherung ersetzt.

Wichtig
Sie sollten erst dann an einer Versteigerung teilnehmen und mitbieten, wenn rund 30 Prozent des voraussichtlichen Preises als Eigenkapital vorhanden sind.

- Belastung: Doch allein auf das eigene Geld kommt es nicht an. Sie müssen auch sicher sein, daß Sie nach der Ersteigerung einer Immobilie die daraus erwachsenden finanziellen Belastungen tragen können. Diese resultieren aus der Tatsache, daß Sie für Ihr Fremdkapital, also das oder die Hypothekendarlehen, Zinsen und Tilgung zahlen müssen. Der Fachbegriff lautet Annuität. Er gibt an, wieviel Sie Ihrem Geldgeber, der Bank, Versicherung oder Bausparkasse, jedes Jahr als Schuldendienst überweisen müssen. Die Annuität setzt sich zusammen aus dem für das Hypothekendarlehen vereinbarten Zinssatz, den Sie wahlweise festschreiben (z.B. auf fünf oder zehn Jahre) bzw. variabel gestalten können, und der Tilgung, also der Rückzahlung des Darlehens. Der Tilgungssatz beträgt in der Regel ein Prozent der jeweils noch verbleibenden Schuld.
  Achten Sie darauf, daß Sie sich finanziell nicht übernehmen. Was nützt Ihnen die schönste Immobilie, für die Sie bei einer Versteigerung den Zuschlag erhalten, wenn Ihnen nach einem oder zwei Jahren die finanziellen Belastungen über den Kopf wachsen.

Faustregel
Keinesfalls sollten Sie für Zins und Tilgung mehr als 40 Prozent des monatlich verfügbaren Einkommens ausgeben. Wenn Sie beispielsweise jeden Monat 5000 Mark zur freien Verfügung haben, ist eine Belastung von 2000 Mark im Monat tragbar.

- Förderung: Schließlich kann es nicht falsch sein, wenn Sie sich über geplante Gesetzesänderungen informieren. So ist die steuerliche Förderung des selbstgenutzten, aber auch des vermieteten Wohnraums in den vergangenen Jahren wiederholt geändert worden. Beispielsweise wurden Besserverdiener schlechter gestellt als zuvor, und auch die Erwerber von gebrauchten Immobilien erhalten weniger staatliche Unterstützung.
  Beachten Sie unbedingt bei Ihrer Finanzierungsstrategie: Den Immobilienerwerb brauchen Sie auch bei einer Versteigerung nicht ganz allein zu finanzieren. Der Staat hilft Ihnen durch zum Teil erhebliche Steuererleichterungen. Wenn Sie also Ihre monatliche Belastung für den Fall kalkulieren, daß Sie bei der Ver-

steigerung zum Zuge kommen, machen Sie zwei unterschiedliche Rechnungen auf: 1. In der ersten Rechnung berechnen Sie Ihre Monatsbelastung ohne die vom Finanzamt garantierten Steuervorteile. 2. In einer zweiten Kalkulation verringern Sie Ihren monatlichen Aufwand um die steuerlichen Vergünstigungen vom Staat.
Unter dem Strich werden Sie sehen, daß Ihr Haushaltsbudget aufgrund der Steuerersparnisse erheblich entlastet werden kann. Doch bedenken Sie: Steuerliche Vergünstigungen gewährt der Staat nur acht Jahre lang, danach müssen Sie die Belastungen in voller Höhe aus eigener Tasche finanzieren. Aus diesem Grund haben Sie vorhin Ihre Rechnung ohne den Steuerzuschuß vom Staat gemacht, damit Sie ermessen können, was auf Sie zukommt (mehr über Finanzierungs- und Steueraspekte vgl. Seite 21).

4. Preis der Immobilie

Versteifen Sie sich also nicht darauf, ein Haus oder eine Eigentumswohnung für die Hälfte des angesetzten Verkehrswertes ersteigern zu können. Das ist angesichts der hohen Nachfrage nach Versteigerungs-Objekten heutzutage völlig utopisch. Zumal die kreditgebenden Banken und Sparkassen, die meist wegen Zahlungsunfähigkeit der Schuldner die Immobilien verwerten, nicht daran interessiert sind, daß ihre Objekte zu Schleuderpreisen den Eigentümer wechseln. Immer noch können Immobilieninteressenten bei einer Versteigerung ein »Schnäppchen« machen. Dies bedeutet: Sie ersteigern ein erstklassiges Objekt zum Teil erheblich unter dem vom Gutachter ermittelten Verkehrswert. Doch auch hier regeln Angebot und Nachfrage den Preis, für den letztendlich bei der Versteigerung der Zuschlag erteilt wird. Zur Zeit kommen Jahr für Jahr etwas mehr als 20 000 Immobilien unter den Hammer. Und die Nachfrage nach zu ersteigernden Objekten ist rapide gewachsen. Als Mitbieter können Sie hochwertige Objekte nicht selten schon für 80 Prozent des Verkehrswerts ersteigern. Bieten hingegen viele Interessenten mit und ist die Nachfrage dementsprechend groß, wird der Zuschlag in der Regel nicht unter 90 bzw. 95 Prozent des Verkehrswerts möglich sein.

Tip
Wenn Sie sich entschieden haben, in den nächsten Monaten bei einem bestimmten Objekt mitzusteigern, erkundigen Sie sich frühzeitig, wie hoch der angesetzte Verkehrswert ist. Legen Sie von vorne herein fest, bis zu welchem Prozentsatz des Verkehrswerts Sie mitsteigern möchten. Und schließlich: Lassen Sie sich während der Verstiegerung nicht in Ihrem eigenen Angebot hochtreiben.

Checkliste für die Teilnahme an einer Versteigerung	wichtig bzw. vorhanden	weniger wichtig bzw. ggf. vorhanden	unwichtig bzw. nicht vorhanden
1, Immobilienart			
• Einfamilienhaus			
• Zweifamilienhaus			
• Haus mit Einliegerwohnung			
• Mehrfamilienhaus			
• Eigentumswohnung			
• selbstgenutzt			
• vermietet			
• Größe des Hauses			
• Zustand des Hauses			
• Zustand der Wohnung			
2. Immobilienstandort			
• Bundesland			
• Kreis			
• Stadt			
• Stadtteil			
• Stadtrand			
• Verkehrsanbindung (Autobahn, Straßen, Personennahverkehr)			
• Infrastruktur			
• Kindergarten			
• Schule			
• weiterführende Schule			
• Einkaufen			
• Freizeit			
• Ärzte			
• sonstige Dienstleistungen			
• Nachbarschaft			
3. Finanzplanung			
Eigenkapital	DM ________		
verfügbares Einkommen pro Monat	DM ________		
maximale monatliche Belastung	DM ________		
4. Immobilienpreis			
Verkehrswert des angebotenen Objekts	DM ________		
Ihr Höchstgebot	DM ________		

II. Wichtige Informationsquellen

Die Nachfrage nach Versteigerungsobjekten wächst. Anders vor 15 Jahren. Damals nahm kaum jemand Notiz von angesetzten Immobilienversteigerungen. Nur wenige Interessenten verliefen sich in die Gerichtssäle. Wegen der noch geringen Nachfrage nach versteigerten Immobilien gelang es zur damaligen Zeit, hervorragende Objekte noch günstiger zu ersteigern als heute.
Obwohl eine Immobilienversteigerung in der Regel immer noch lohnenswert ist für den Erwerber, hat sich die Situation zumindest in einer Hinsicht grundlegend geändert: Der Versteigerungs-Markt für Immobilien ist professioneller geworden.

1. Wo Sie Versteigerungstermine erfahren

Im Grunde ist es sehr einfach, Versteigerungstermine zu erfahren. Da die Versteigerung von Immobilien den Amtsgerichten obliegt, werden die jeweiligen Versteigerungstermine rund acht Wochen zuvor im **Aushang des Gerichtsgebäudes** bekannt gemacht. Sie brauchen deshalb nur regelmäßig bei Ihrem Amtsgericht vorbeizuschauen, um sich über die nächsten Termine zu informieren.

Zusätzlich hat fast jede Stadt oder Gemeinde ihre Publikation, das sogenannte **Amtsblatt**. Auch hier finden Sie regelmäßig die genauen Daten, wann wieder Immobilienversteigerungen geplant sind. Als weitere Informationsquelle erweist sich Ihre lokale **Tageszeitung** oder das **Wochenblatt**, das die meisten Haushalte in Deutschland kostenlos erhalten. Im Anzeigenteil dieser Zeitungen finden Sie neben öffentlichen Auftragsausschreibungen auch die Versteigerungstermine, die in der nächsten Zeit anstehen.
Eine Bekanntmachung aus einer Tageszeitung sieht beispielsweise so aus:

> Zum Zwecke der Gemeinschaftsaufhebung soll am **Montag, dem 2. Mai 1994, 9.00 Uhr,** an d. Gerichtsstelle ... Sitzungssaal 1/0, öffentlich versteigert werden: Grundstück Gemarkung ... Fl.Nr. ... Wohnhaus (RMH, Baujahr 1954), Hofraum, Garten, zu 0,0289 ha; festgesetzter Verkehrswert: 550 000 DM. Eingetragen im Grundbuch des Amtsgerichts ..., Band ..., Blatt ... Die Eintragung des Versteigerungsvermerks im Grundbuch erfolgte am 4.6.1993. Als Eigentümer waren damals eingetragen: ... je zu 1/2.

Außerdem gibt es noch monatliche Publikationen, wie beispielsweise den »Versteigerungskalender«. Sie können so einen Kalender gegen Gebühren abonnieren. Sie erhalten damit eine regelmäßige Übersicht über Versteigerungsdaten und zu versteigernde Immobilien. Aber Vorsicht: Wenn Sie diese Kalender über einen längeren Zeitraum beziehen, kann das auch kostspielig werden. Aufgeführt sind selbstverständlich Versteigerungstermin, Art der Immobilie, Verkehrswert, Mindestgebot. Inwieweit das Objekt seinen Preis wert ist, erfahren Sie in diesen Publikationen nicht. Hier müssen Sie sich schon sehr detailliert die Objektunterlagen bei Gericht anschauen.

Auf eine wichtige Information sollten Sie jedoch genau achten. Prüfen Sie nach, um welche Versteigerungsart es sich handellt:

Vollstreckungsversteigerung (Zwangsversteigerung) ist ein sachlich und trocken anmutender Begriff für einen Vorgang, hinter dem zumeist ein menschliches Schicksal steht. Diese Versteigerung wird nämlich vom Gläubiger des Immobilienbesitzers beantragt, weil der Schuldner die aus dem Hypothekendarlehen resultierenden finanziellen Belastungen nicht mehr tragen kann. Zu gut Deutsch: Hier versteigert die Bank oder Versicherung ein Haus oder eine Wohnung.
Die sogenannte **Teilungsversteigerung** erwächst weniger aus menschlicher Not. Hierzu kommt es immer dann, wenn beispielsweise eine Erbengemeinschaft eine Immobilie geerbt hat. Möglicherweise ist es der Erbengemeinschaft zu aufwendig, sich um die Vermietung und Instandhaltung der Immobilie zu kümmern. Aus diesem Grund wird das Haus oder die Wohnung verwertet, also versteigert, so daß aus dem Versteigerungserlös die Mitglieder der Erbengemeinschaft ihren jeweiligen finanziellen Anteil erhalten können.
Naheliegend wäre nun die Vermutung, daß Versteigerungs-Interessenten bei einer Vollstreckungsversteigerung ein gutes Geschäft machen können. Das kann sein, ist aber in den meisten Fällen nicht so. Denn ein Vertreter der geldgebenden Bank oder Versicherung ist in der Regel bei der Versteigerung anwesend. Er achtet darauf, daß das Objekt nicht zu einem Spottpreis (zum Beispiel für 50 Prozent des Verkehrswerts) versteigert wird. Interesse des Gläubigers ist nämlich, daß er mit dem Versteigerungserlös die bestehenden finanziellen Verbindlichkeiten des bisherigen Immobilienbesitzers ausgleichen kann. Am liebsten ist es den Gläubigern natürlich, wenn noch einige tausend Mark Gewinn durch die Versteigerung herausspringen. Umgekehrt ist es bei der Teilungsversteigerung nicht unbedingt so, daß das Objekt zu einem hohen Preis einen neuen Eigentümer findet. Zwar wird die Immobilie nicht aufgrund wirtschaftlicher Not verwertet, aber es kann durchaus sein, daß die Erbengemeinschaft derart zerstritten untereinander ist, daß sie ein nur halbwegs respektables Gebot akzeptiert, damit das Objekt einen neuen Eigentümer findet.

2. Welche Objektinformationen sind nötig

Der amtlichen Bekanntmachung oder der Tageszeitung haben Sie das genaue Datum der Versteigerung entnommen. Eine bedeutende, aber sicher nicht die wichtigste Information. Schließlich wollen Sie wissen, wo genau im Amtsgericht die Versteigerung stattfindet, welches Objekt unter den Hammer kommt, wie hoch dessen Verkehrswert und wie der bauliche Zustand ist. Ihr nächster Schritt: Sie begeben sich zum Amtsgericht. Denn dort finden Sie einen Aushang, in dem alle Versteigerungstermine der nächsten Wochen genannt sind. Unter anderem auch das Gerichtsgebäude (Straße, Hausnummer, Saal), in dem die Versteigerung stattfindet.

Sehr wichtig für Sie ist das Aktenzeichen, das zum Versteigerungsobjekt gehört. Dieses Aktenzeichen erschließt Ihnen weitere wichtige Informationen, die Sie unbedingt vor dem Versteigerungstermin einholen sollten. Denn nur dann, wenn Sie das Aktenzeichen kennen, ist es möglich, daß Sie in der Geschäftsstelle des Amtsgerichts das Gutachten zum Verkehrswert des Versteigerungsobjekts und weitere schriftliche Unterlagen dazu einsehen können.

Damit Sie nicht die »Katze im Sack« ersteigern, sollten Sie sich die Lage bzw. den Standort des Versteigerungsobjektes notieren.

Wichtig
Im Versteigerungsaushang finden Sie eine Fülle detaillierter Informationen über die Lage des Objekts - Ort, Straße, Hausnummer, Gemarkung, Flurnummer und Flurstück, Grundstücksgröße. Ebenso erfahren Sie darin Name und Anschrift des bisherigen Eigentümers. Lassen Sie sich durch die Begriffe »Fluren« oder »Gemarkungen« nicht verwirren, das sind im Grunde nur wichtige Informationen für Behörden. Sie sollte allein der genaue Standort der Immobilie interessieren, damit Sie sich bei einer Ortsbesichtigung selbst ein Bild davon machen können, ob das Objekt zumindest von außen Ihren Vorstellungen entspricht oder nicht.

Zu den weiteren Informationen, die für Sie von Bedeutung sind, gehören die Angaben über die Art des Objekts – ob es sich also um ein Haus oder eine Eigentumswohnung handelt – und über die Grundstücksgröße. Nicht vergessen sollten Sie auch den Namen des bisherigen Eigentümers, weil Sie nach einem möglichen Zuschlag bei der Versteigerung in eine geschäftliche Beziehung mit dem Geldgeber, also dem Gläubiger des bisherigen Eigentümers, treten werden. In der Regel wird nämlich der Erwerbspreis ganz oder zumindest zu einem beachtlichen Teil an den Gläubiger nach der Versteigerung überwiesen. Die wohl wichtigste Information ist der **Verkehrswert des Versteigerungsobjekts**. Dies bedeutet: Ein Gutachter hat den aktuellen Wert, der beim normalen Verkauf einer Immobilie zu erzielen wäre, festgestellt.

Wichtig
Der Verkehrswert dient Ihnen lediglich als Orientierung. Er läßt keine Rückschlüsse darauf zu, zu welchem Betrag während der Versteigerung der Zuschlag gegeben wird. Bereiten Sie sich darauf vor, daß Sie bei einer guten Lage der Immobilie, bei einem jüngeren Baujahr und einem durchschnittlichen allgemeinen Zustand mindestens 80 Prozent des Verkehrswerts bieten müssen, um eine reelle Chance zu haben, das Objekt zu ersteigern.

Ihr Augenmerk sollten Sie auch auf das **Baujahr des Versteigerungsobjekts** legen. Je älter die Immobilie, desto günstiger ist mit einiger Wahrscheinlichkeit der Erwerbspreis. Doch bedenken Sie: Bei Objekten, die älter als zehn Jahre sind, geht es oft mit den Reparaturen los, manchmal sogar mit der Sanierung. Wenn Sie also dem Gutachten über den baulichen Zustand des Objekts mißtrauen und das Objekt älter als zehn Jahre ist, dann sollten Sie lieber nicht mitbieten. Die Gefahr, daß Sie ein Risiko dabei eingehen, ist groß.

Der Aushang im Amtsgericht wird Ihnen in der Regel noch Auskunft darüber geben, um welche Art der Versteigerung es sich handelt: um eine Vollstreckungsversteigerung oder Teilungsversteigerung (vgl. S. 15). Wichtig ist auch der Hinweis, ob es sich beim anberaumten Termin bereits um den zweiten Versteigerungsversuch handelt. Wenn dem so ist, dann liegen Chance und Risiko nahe beieinander. Das Risiko für den Mitbieter: Das Objekt ist so schlecht, daß bislang keiner Interesse dafür hatte. Die Chance: Beim Zweittermin wird in der Regel zu weitaus niedrigerer Summe der Zuschlag erteilt. Vielleicht hat bislang noch kein Interessent gemerkt, daß es sich bei dem Objekt um ein »Schnäppchen« handelt. Welche von beiden Möglichkeiten in Betracht kommt, müssen Sie selbst herausfinden. Auf jeden Fall sollten Sie darauf bestehen, das Versteigerungsobjekt nicht nur von außen zu begutachten, sondern auch von innen zu besichtigen.

Checkliste: Objektinformationen	»Ihr Objekt«
Versteigerungstermin	______________
Datum, Uhrzeit	______________
Ort der Versteigerung	______________ Gericht, Straße, Hausnr.
Raum	
Aktenzeichen	______________
Lage des Objekts	______________ Ort, Straße, Hausnr., Grundbuch, Flur, Gemarkung
Objektort	______________ Haus/Wohnung
Grundstücksgröße	______________ in qm
Verkehrswert	______________ in DM
Baujahr	______________
Wohnfläche	______________ in qm
Nutzfläche	______________ in qm
Eigentümer	______________ Name, Adresse
Art der Versteigerung	______________ Vollstreckung/Teilung
der wievielte Termin	______________

3. Wie Sie die Informationen auswerten und beurteilen

Bedenken Sie bei Ihren Recherchen, daß Sie nicht der einzige sind, der präzise und detaillierte Informationen über das Versteigerungsobjekt, für das Sie sich interessieren, benötigt. Vor allem Ihr Geldgeber, also die finanzierende Bank, Versicherung oder Bausparkasse, möchte genau wissen, von welcher Qualität die Immobilie ist, für die ein Hypothekendarlehen gewährt werden soll.

Notieren Sie sich das Aktenzeichen, unter dem das Versteigerungsobjekt geführt wird, und suchen Sie das zuständige Amtsgericht auf, und zwar die Geschäftsstelle, die für Versteigerungen zuständig ist. Dort erfahren Sie, welche Unterlagen über das für Sie interessante Objekt vorhanden sind. Am wichtigsten dabei sind das Wertgutachten sowie eine ausführliche Objektbeschreibung. Wenn Sie in diesem Zusammenhang noch auf ausführliche Architektenpläne zurückgreifen können, dann erleichtert das Ihre Arbeit, die eigene Bank vom Wert des anvisierten Objekts zu überzeugen, ungemein.

Denn Wertgutachten und Objektbeschreibung allein sagen noch lange nichts über den baulichen Zustand der Immobilie aus. Forschen Sie also in den Unterlagen nach, inwieweit dort Aussagen über Schäden und Mängel getroffen worden sind. Auch die Tatsache, daß ein Haus oder eine Wohnung längere Zeit (z.B. über zwei oder drei Jahre hinweg) leer steht, deutet nicht unbedingt darauf hin, daß sich die Immobilie in einem akzeptablen Zustand befindet. Denn das Objekt dürfte in dieser Zeit nicht gepflegt worden sein.

Wichtig
Empfehlenswert ist es in jedem Fall, daß Sie sich den Grundbuchauszug des Objekts anschauen. Nur auf diese Weise finden Sie heraus, welche Lasten und Dienstbarkeiten auf dem Objekt, für das Sie sich interessieren, ruhen.

Wenn Sie Einsicht in den Grundbuchauszug nehmen, dann sollten Sie systematisch vorgehen, also Seite für Seite durchlesen. Dem **Deckblatt** entnehmen Sie das zuständige Amtsgericht, den Grundbuchbezirk, den Band und das Blatt des Grundbuchs. Im **Bestandsverzeichnis** finden Sie nähere Angaben zum Grundstück: die Flur, das Flurstück, die Lage und die Größe. In der **I. Abteilung** lesen

Sie Name und Adresse des Eigentümers. Vorherige Eigentümer sind rot gekennzeichnet.

Interessant wird es in der **II. Abteilung** des Grundbuchauszugs: Hierin finden Sie alle Lasten und Dienstbarkeiten, mit Ausnahme der Grundschulden und Hypotheken. Zu solchen Lasten und Dienstbarkeiten zählen beispielsweise Nießbrauchvorbehalte oder Wohnrechte.

In der **III. Abteilung** haben sich die Geldgeber des bisherigen Eigentümers über die Grundschuld ihre Verwertungsrechte gesichert. Üblich ist, daß die Hypotheken in sogenannte Ränge unterteilt sind. Der Gläubiger, der im Rang ganz oben steht, wird also bei einer möglichen Verwertung der Immobilie als erster bedient. Nächste Anlaufstelle bei Ihren Objektrecherchen ist das Bauordnungsamt bzw. die in Ihrer Stadt oder Gemeinde zuständige Bauaufsichtsbehörde. Dort dürfen Sie Einsicht in die zum Objekt gehörende Bauakte nehmen. Sie werden beispielsweise Aufschluß darüber erhalten, inwieweit bauliche Veränderungen, An- oder Umbauten oder Vergrößerung der Wohnfläche möglich sind. In den Unterlagen steht auch, ob der bisherige Eigentümer die Erschließungskosten für sein Grundstück (Anschluß an die öffentlichen Ver- und Entsorgungseinrichtungen) gezahlt hat.

Für Versteigerungs-Interessenten, die das Objekt vermieten möchten, ist interessant, ob der Bau der Immobilie seinerzeit mit öffentlichen Mitteln gefördert worden ist. Möglicherweise sind Sie als zukünftiger Eigentümer bei der Mieterauswahl beschränkt, weil nur Mieter mit Wohnberechtigungsschein als Bewohner in Betracht kommen. Kontrollieren Sie auch, ob die Immobilie der Mietpreisbindung unterliegt oder ob eine bestimmte Kostenmiete vorgegeben ist. Wenn ja, dürfte es in der Regel unmöglich sein, überdurchschnittliche Mieterhöhungen durchzusetzen. Schließlich sollten Sie auch danach fragen, ob nach der Zwangsversteigerung die rechtlichen Beschränkungen bei Vermietung und Festsetzung des Mietzinses entfallen oder ob diese weiterbestehen.

Im nächsten Schritt muß es nun darum gehen, daß Sie sich das Haus oder die Wohnung sowohl von außen als auch von innen genau anschauen. Doch die ganze Sache hat einen kleinen Haken: Sie haben keinen Rechtsanspruch darauf, daß der jetzige Bewohner der Immobilie Sie ins Haus läßt. Dies bedeutet: Wenn der Eigentümer oder der Mieter des Objekts sich stur stellt, dann können Sie die Immobilie nur von außen betrachten. Bei der Beurteilung des Innenlebens sind Sie dann auf Gedeih und Verderb den schriftlichen Informationen ausgeliefert.

III. Wie Sie Ihr Ersteigerungsobjekt finanzieren

Nehmen wir nun einmal an, Sie haben Ihr Traumobjekt gefunden und fiebern dem Versteigerungstermin entgegen. Was Ihnen jetzt noch fehlt, ist eine sattelfeste Finanzierungsstrategie. Denn nur die wenigsten Immobilieneigentümer, ganz gleich, ob sie ihr Haus oder ihre Wohnung gekauft, selbst gebaut oder bei einer Versteigerung erworben haben, schaffen es, den Erwerbspreis vollständig mit eigenem Geld zu bezahlen. Als Interessent müssen Sie sich deshalb so schnell wie möglich auf die Suche nach einem günstigen Geldgeber, also einer Bank, Versicherungsgesellschaft oder einer Bausparkasse, begeben.

Wichtig
Wenn Sie eine Immobilie über eine Versteigerung erwerben, dann gelten hinsichtlich der Zahlung des Erwerbspreises andere Gepflogenheiten als beim Bau oder Kauf. Erhalten Sie während der Versteigerung den Zuschlag, dann sind Sie verpflichtet, 10 Prozent des Erwerbspreises gleich an Ort und Stelle zu zahlen. Die restlichen 90 Prozent werden beim sogenannten Verteilungstermin fällig, der rund sechs bis acht Wochen nach der Versteigerung anberaumt wird. Das bedeutet für Sie: Wenn Sie an einer Versteigerung teilnehmen und ernsthaft Interesse bekunden, dann müssen Sie auf jeden Fall die Finanzierungszusage Ihres Darlehensgebers haben. Doch auch in diesem Fall gilt: Machen Sie nicht den zweiten Schritt vor dem ersten. Kümmern Sie sich deshalb zunächst einmal darum, was finanziell überhaupt auf Sie zukommt.

1. Gesamtkosten

Nachdem Sie die Versteigerungsakte im zuständigen Amtsgericht geprüft haben, kennen Sie bereits den Verkehrswert der Immobilie, die unter den Hammer kommen soll. Diesen Preis wollen Sie selbstverständlich nicht bezahlen, sonst lohnt sich schließlich die Teilnahme an der Versteigerung nicht. Die Frage, um die sich jetzt alles dreht, lautet deshalb: Bei wieviel Prozent des angegebenen Verkehrswerts wird voraussichtlich der Zuschlag erteilt.

Darauf eine Antwort zu finden ist gar nicht so einfach. Denn Sie haben einen mächtigen »Gegenspieler«, der Ihnen möglicherweise einen Strich durch Ihre sorgfältig ausgearbeitete Rechnung macht: den Gläubiger des bisherigen Eigentümers, in der Regel eine Bank. Handelt es sich nämlich um eine Vollstreckungsversteigerung, dann können Sie ziemlich sicher sein, daß die Gläubiger-Bank diese eingeleitet hat. Wahrscheinlich deshalb, weil der Noch-Eigentümer die Zins- und Tilgungsraten nicht mehr bezahlen kann. Wo liegt nun das Interesse der Bank? Ganz einfach darin, daß das Objekt zu einem möglichst hohen Preis versteigert wird. Denn das Geldhaus ist daran interessiert, daß es das Darlehen, das seinerzeit für den Bau oder Kauf der Immobilie gewährt worden ist, ganz oder zum großen Teil möglichst schnell wieder zurückbekommt. Vor diesem Hintergrund ist es in den meisten Fällen wirklichkeitsfremd, anzunehmen, daß Sie bei einem guten Objekt bereits bei 50 oder 60 Prozent des Verkehrswerts den Zuschlag erhalten. Gehen Sie deshalb in Ihrer Finanzierungsstrategie von einer durchaus negativen Möglichkeit aus: Nämlich davon, daß Sie 90 Prozent des angegebenen Verkehrswerts bieten müssen, um während der Versteigerung zum Zuge zu kommen. Zusätzlich fallen noch Nebenkosten an, die sich insgesamt auf knapp drei Prozent des Erwerbspreises belaufen. Und zwar die sogenannte Zuschlagsgebühr sowie die Kosten für die Eintragung Ihres neuen Eigentums ins Grundbuch.

Beispiel

Objekt	**Einfamilienhaus**
Verkehrswert	500 000 DM
90 %	450 000 DM
Nebenkosten etwa 3 %	13 500 DM
Gesamtkosten	**463 500 DM**

Im Beispielfall müssen Ihnen also insgesamt 463 500 Mark zur Verfügung stehen, damit Sie eine realistische Chance haben, das Objekt ersteigern zu können.

Tip
Sie sollten keineswegs diese gesteckte Höchstgrenze überschreiten. Wenn Sie das tun, könnten Sie gleich ein Neuobjekt kaufen oder selbst bauen. Warum also dann an einer Versteigerung teilnehmen?

Kassensturz: Eigenkapital

1. Vermögen	
Bargeld	DM ....
Guthaben auf Gehalts- oder Girokonto	DM ....
Sparbuch, Festgeld, Sparverträge	DM ....
festverzinsliche Wertpapiere, Aktien, Anteile von Investmentfonds	DM ....
Immobilien, die verkauft werden können	DM ....
Bausparguthaben, Rückkaufwert Lebensversicherung	DM ....
Sonstige Vermögen	DM ....
Summe	**DM ....**
2. Schulden	
Dispo- bzw. Überziehung Gehalts-/Girokonto	DM ....
Konsumenten-/Ratenkredit	DM ....
Bauspardarlehen/Hypotheken	DM ....
Sonstige Schulden	DM ....
Summe	**DM ....**
3. Saldo	
Summe 1.	DM ....
·/. Summe 2.	DM ....
Tatsächliches Vermögen	**DM ....**
Eigenkapital	
Ergebnis 3	DM ....
Eigenleistung	DM ....
Darlehen von Verwandten	DM ....
Arbeitgeberdarlehen	DM ....
Sonstiges	DM ....
Eigenkapital gesamt	**DM ....**

Im nächsten Schritt geht es dann wirklich ums liebe Geld. Machen Sie einen Kassensturz und ermitteln Sie, wieviel eigenes Vermögen Sie einsetzen können bzw. einsetzen wollen und wieviel Fremdkapital Sie benötigen.

2. Eigenkapital

Wenn Sie eine Immobilie erwerben, um selbst darin zu wohnen, gibt es eine goldene Regel: so viel Eigenkapital wie möglich, nur so viel Fremdkapital wie nötig. Dieses Motto ist unabhängig davon, ob Sie nun selbst bauen, kaufen oder ein Objekt ersteigern. Solide finanziert ist Ihre Immobilie immer dann, wenn Sie rund 30 Prozent des Erwerbspreises als eigenes Geld einsetzen. Auch Banken und Versicherungen, die daran interessiert sind, daß Ihren Hypothekenschuldnern finanziell nicht die Luft ausgeht, betrachten diese Eigenkapitalquote als ausreichend und solide. Oft lassen sich auch mit nur 20 oder 15 Prozent Eigenkapital noch tragbare Finanzierungskonzepte entwickeln. Doch mit jedem Prozentpunkt an fehlendem Eigenkapital wird die Luft dünner.

Allerdings bestätigen auch hier, wie immer, Ausnahmen die Regel. Wenn Ihr Einkommen so hoch ist, daß Sie mit Ihren regelmäßigen Zins- und Tilgungsraten keinerlei Schwierigkeiten haben, wird der Gläubiger sogar einer 100-Prozent-Finanzierung zustimmen. Das bedeutet: Sie brauchen keinen Pfennig eigenes Geld einzusetzen. Dennoch ist Vorsicht geboten, wenn Sie planen, Ihr Vermögen nicht anzutasten und den Immobilienerwerb vollständig mit fremdem Geld zu finanzieren. Wie schnell kann sich Ihre finanzielle Situation durch Arbeitslosigkeit oder gar Krankheit und Unfall ändern. Deshalb: Stecken Sie so viel Eigenkapital in den Immobilienerwerb hinein wie möglich. Das erspart Ihnen hohe Zinszahlungen an Ihre Gläubiger. Allerdings sollten Sie sich nicht völlig verausgaben. Halten Sie immer eine Notreserve von 10 000 bis 20 000 Mark bereit, um unvorhergesehene Ausgaben bezahlen zu können.

3. Fremdkapital

Die wichtigste Regel lautet, wenn Sie Geld für den Erwerb einer Immobilie benötigen: Treten Sie gegenüber Ihrer Bank, Sparkasse, Versicherung oder Bausparkasse nicht als Bittsteller, sondern als König Kunde auf. Die Geldhäuser leben schließlich von den Zinsen und Gebühren, die Sie zahlen. In der Tat gibt es einige unterschiedliche Möglichkeiten, sein eigenes Heim zu finanzieren. Die folgenden Ausführungen zeigen Ihnen, welche Chancen Sie haben, möglichst günstig an ein Hypothekendarlehen zu kommen. Gleichwohl können sie das Gespräch mit einem kompetenten Finanzierungsfachmann nicht ersetzen.

Bevor Sie sich nun auf die Suche nach einem Geldgeber machen, beherzigen Sie die folgenden Tips:

- Wählen Sie den richtigen Gesprächspartner, lassen Sie sich nicht mit einem »normalen« Sachbearbeiter ohne Entscheidungskompetenz abspeisen.
- Wenn Ihr Verhandlungspartner kaum noch Mühe mit Ihrem Fall hat, kann das die sogenannten Nebenkosten drücken. Bereiten Sie also Ihre Unterlagen so vor, daß der Berater nur noch abzuhaken braucht (Auflistung des Eigenkapitals, Objektunterlagen, Einkommensnachweis, Aufstellung Ihres sonstigen Vermögens, voraussichtliche außerplanmäßige Einnahmen usw.).
- Da die Konkurrenz das Geschäft belebt, sollten Sie sich mindestens bei drei oder vier Instituten über deren Angebote schlau machen. Es ist nicht verboten, die eine Bank gegen die andere Versicherung oder die dritte Sparkasse auszuspielen.
- Präsentieren Sie sich und Ihre Familie als den Ausbund an Solidität. Sie halten absolut nichts von Luxus, haben keine teuren Hobbies, der Mittelklassewagen reicht Ihnen völlig aus. So hat der Geldgeber das Gefühl, daß mit Ihnen als Schuldner nichts passieren kann.
- Feilschen Sie auf jeden Fall um die Nebenkosten wie Bereitstellungszins, Schätzgebühr, Vorfälligkeitsentschädigung bei Sondertilgung. Wenn der Banker Ihnen in der Hauptkondition nicht entgegenkommt – bei diesen »Kleinigkeiten» hat er immer noch genügend Verhandlungsspielraum.

Bank oder Sparkasse

Bank ist nicht gleich Bank. Das merken Sie spätestens dann, wenn Sie auf der Suche nach dem günstigsten Baugeld verschiedene Geldinstitute aufsuchen. Die Angebote der einzelnen Geldhäuser unterscheiden sich stark bei:

- Dauer der Zinsbindung,
- Höhe des Nominalzinses und des Disagios,
- Nebenkosten,
- Beleihungsgrenzen,
- der Beratungsqualität.

Eine Hypothek stellt die höchste Art der Sicherheit für die Bank dar – vor allem dann, wenn es sich um eine 1. Hypothek handelt. Realkreditinstitute geben normalerweise bis zu 80 Prozent des Beleihungswerts (der von einem Gutachter der Bank geschätzt wird und der nicht unbedingt dem Erwerbspreis entspricht) als Hypothek. Hierbei handelt es sich dann um die sogenannte Beleihungsgrenze. Die besonders günstige 1. Hypothek wird aber oft nur bis zu 60 Prozent der Beleideshalb in der Sicherheit schlechter gestellt ist als die 1. und zwangsläufig etwas mehr an Zinsen kostet.

Beispiel
Sie haben eine Immobilie für 450 000 Mark ersteigert, der Verkehrswert beträgt 500 000 Mark. Bei Ihren Finanzierungsverhandlungen begutachtet die Bank selbst das Objekt und wird eine sogenannte Beleihungsgrenze festlegen. Wenn Sie Glück haben, sind das 80 Prozent des Verkehrswerts, also 400 000 Mark. Wenn Sie Pech haben, sind es nur 80 Prozent des Erwerbspreises, demnach 360 000 Mark. Dies bedeutet: Im ersten Fall wird Ihnen die Bank insgesamt 400 000 Mark, im zweiten Fall nur 360 000 Mark leihen. Ganz gleich, wieviel Geld sie Ihnen vorstreckt, in jedem Fall wird sie das gesamte Darlehen in eine 1. und in eine 2. Hypothek splitten. Wichtig für Sie: Den Unterschiedsbetrag zum Gesamtdarlehen müssen Sie mit Hilfe Ihres Eigenkapitals aufbringen.

Wenn Ihnen die Bank nun eine Darlehenszusage erteilt hat, dann haben Sie die Qual der Wahl: Schließen Sie die Finanzierung langfristig, etwa für zehn oder fünfzehn Jahre ab, oder eher für einen kurzen Zeitraum, zum Beispiel für drei oder fünf Jahre. Die Finanzierung über eine langfristige Hypothek ist vor allem in zwei Phasen vorteilhaft: Erstens, wenn Sie auf Jahre hinaus eine genau festgelegte Belastung als Kalkulationsgrundlage haben möchten. Dann sind Sie vor höheren Kreditkosten sicher, auch wenn die Zinsen am Geld- und Kapitalmarkt klettern. Zum Ausgleich dafür haben Sie aber keine Chance, Geld zu sparen, wenn die Zinsen fallen. Denn der Zinssatz einer Hypothek ist für den vereinbarten Zeitraum von der Bank unkündbar (außer bei Zahlungsverzug). Sie als Schuldner dürfen frühestens nach zehn Jahren kündigen (gesetzliche Kündigungsfrist), auch wenn die Zinsbindung länger vereinbart ist (z. B. 15 Jahre). Zweitens ist eine langfristige Hypothek dann am vorteilhaftesten, wenn die Zinsen weit nach unten gerutscht sind und ein neuerlicher Anstieg droht. So sichern Sie sich für möglichst lange ein niedriges Zinsniveau.
ie Rückzahlung der Hypothek erfolgt meist in gleichbleibenden Raten (Annuität). In der Regel berechnet sich die monatliche oder vierteljährliche Rate aus den Zinsen vom Anfangsdarlehen plus einem Prozent Tilgung vom Anfangsdarlehen. Bei 250 000 Mark Hypothek und neun Prozent Nominalzins sind das zum Beispiel 2 083,33 Mark monatlich (wobei mögliche Steuervergünstigungen nicht eingerechnet sind). Diese Summe setzt sich zusammen aus 1 875 Mark Zinsen und 208,33 Mark Anfangstilgung. Durch die laufende Rückzahlung werden nicht nur das Darlehen, sondern auch der Zinsanteil immer geringer. Dadurch ist die Hypothek nach 25 bis 30 Jahren zurückgezahlt. Die folgende Tabelle zeigt Ihnen, wieviel Jahre Sie benötigen, um bei einem bestimmten Zinssatz völlig schuldenfrei zu sein.

Laufzeit einer Hypothek	
Zinssatz pro Jahr	Tilgungsdauer in Jahren/Monaten bei 1 % Tilgung
5,0 %	35/11
5,5 %	34/1
6,0 %	32/6
6,5 %	31/1
7.0 %	29/9
8,0 %	27/7
9,0 %	25/8
10,0 %	24/1

Aufgrund ihrer Kapitalmarktnähe bieten Hypothekenbanken bei längerfristigen Darlehen oft etwas günstigere Konditionen als andere Institute. Aber Vorsicht: Hypothekenbanken empfehlen meist auch dann eine lange Zinsbindung, wenn es ratsamer wäre, daß der Bauherr zumindest eine Zeit lang mit kürzeren Zins-Festschreibungen agiert.

Sparkassen: Sie sind spezialisiert auf Baudarlehen mit relativ kurzer Zinsbindung und mit variabler, an die jeweiligen Finanzmarktverhältnisse angepaßter Verzinsung. Hier sind die Konditionen meist sehr günstig. Das rührt daher, daß die Sparkassen aufgrund der großen Masse konkurenzlos billiger Spareinlagen auch auf der Kreditseite niedrige Zinsen bieten können. Die eigenen Angebote der Sparkassen weisen selten Zinsbindungen von mehr als fünf Jahren auf, weil die Laufzeiten ihrer Spareinlagen und Sparbriefe in der Regel an dieser Grenze enden. Aber die Sparkassen bieten auch längere Zinsbindungen an, indem sie Hypotheken ihrer regionalen Landesbanken vermitteln.

Tip
Hier sind die Konditionen häufig ungünstiger, da zwei Institute Profite machen wollen: die Sparkasse vor Ort und die übergeordnete Landesbank. Wenn Sie also eine längere Zinsbindung bevorzugen, sind Sparkassen normalerweise nur zweite Wahl.

Genossenschaftsbanken: Volks- und Raiffeisenbanken sowie Sparda-Banken haben im Grunde eine ähnliche Angebotspalette wie Sparkassen. Auch Sie bieten in der kurzfristigen Finanzierung und bei Darlehen mit variabler Zinsanpassung günstige Konditionen, da sie ebenfalls über einen hohen Bestand zinsgünstiger Spareinlagen verfügen. Die langfristige Finanzierung erfolgt über die Vermittlung von Hypotheken, vor allem des Genossenschaftlichen Spitzeninstituts.

Tip
Als ganz gewiefter Finanzierer schauen Sie sich bei Genossenschaftsinstituten in den ländlichen Gebieten um. Die bieten nämlich häufig konkurrenzlos günstige Zinskonditionen. Das hängt damit zusammen, daß dort überdurchschnittlich viel Geld auf die geringverzinsten Sparbücher fließt, weshalb die kleinen Institute die niedrigsten Darlehenszinsen berechnen können. Zudem ist ihr Verwaltungsapparat oft weniger kostenintensiv.

Versicherung

Für den einen ist die Lebensversicherungshypothek das »non plus ultra«, für den anderen eine ungünstige Form der Finanzierung. Aber wie meistens führt auch hier Schwarz-Weiß-Malerei in die Irre. Die sogenannte LV-Hypothek hat manchen Vorteil.

Wie funktioniert diese Art des Hypotheken-Darlehens? Das Versicherungsunternehmen vergibt eine Hypothek nach ähnlichen Bedingungen wie Banken und Sparkassen – mit Eintragung ins Grundbuch, und zwar in der Regel an vorderster Rangstelle. Allerdings wird das LV-Darlehen nicht in monatlichen oder vierteljährlichen Raten getilgt, sondern erst am Ende der Laufzeit des Vertrags in einem Stück zurückbezahlt. Nur Zinsen sind in der Regel an die Assekuranz zu überweisen. Damit die Rückzahlung trotz der fehlenden regelmäßigen Tilgung gewährleistet ist, muß der Immobilieneigentümer jedoch parallel eine Kapital-Lebensversicherung abschließen, falls er nicht schon eine mit entsprechender Versicherungssumme hat. Mit dem steuerfreien Erlös (der Ablaufleistung) dieser Police wird dann am Ende der Laufzeit die Hypothek mit einem Schlag vollständig getilgt. Um aber den Sparanteil der Lebensversicherung aufzubauen, muß der Darlehensnehmer selbstverständlich monatliche Beiträge zahlen.

Der größte Vorteil der Immobilienfinanzierung mit Hilfe einer Versicherungs-Hypothek liegt zweifellos darin, daß die Assekuranzen Kredite an ihre Kunden im Durchschnitt 0,5 bis 0,75 Prozentpunkte günstiger vergeben als Banken. Solche Konditionen wiegen die möglichen Nachteile einer Lebensversicherungs-Hypothek zu einem guten Teil auf. Dies gilt vor allem in einer Hochzinsphase, in der ein paar Hundert Mark Belastung mehr oder weniger durchaus die Entscheidung beeinflussen kann, Immobilieneigentum zu erwerben.

Beim zweiten Vorteil geht es um die Abdeckung des Todesfall-Risikos. Verstirbt der Immobilieneigentümer und Darlehensnehmer frühzeitig, dann wird die im Vertrag vereinbarte Versicherungssumme fällig, und die Angehörigen können dadurch ihre Hypothek – wenigstens zum Teil – tilgen. Wer seiner Familie also ein weitgehend schuldenfreies Zuhause hinterlassen will, fährt mit Versicherungsschutz immer gut. Dieser Effekt läßt sich freilich auch etwas preiswerter erreichen: mit dem Abschluß einer Risikolebensversicherung, wobei die Versicherungssumme entsprechend zunehmender Darlehenstilgung laufend abnimmt.

Bausparkasse

Bauspardarlehen sind konkurrenzlos zinsgünstig. Trotzdem ist Bausparen mitunter nicht unumstritten. Denn um die günstigen Kredite mit durchschnittlich fünf Prozent nominal und sechs Prozent Effektivzins zu erhalten, muß der Bausparer viele Vorleistungen erbringen. Und er muß aus hunderten verschiedener Tarife den für ihn passenden herausfinden. Grundsätzlich gilt: Bausparen funktioniert im Grunde nur dann reibungslos, wenn neues Geld in den Bausparkreislauf fließt. Denn als Bauspardarlehen kann nur ausbezahlt werden, was zuvor der Bausparkasse an Sparleistung und Tilgung von anderen Sparern oder Immobilienfinanzierern zugeflossen ist.

Ein nicht zu unterschätzender Vorzug des Bausparens ist psychologischer Natur: Ohne ausreichendes Eigenkapital läßt sich der Immobilienerwerb heutzutage kaum verwirklichen. Bausparen bedeutet jedoch gezieltes Vorsparen. Dadurch sieht sich der künftige Eigentümer einem Sparzwang ausgesetzt, den er beim Sparen mit Hilfe von Wertpapieren oder Festgeld nicht hat.

Der größte Vorteil des Bausparens: Es gehört zu den wenigen staatlich geförderten Sparformen. Allerdings kommen wegen der niedrigen Einkommensgrenzen nicht mehr viele Bausparer in den Genuß der Prämien. Mit folgenden staatlichen Finanzspritzen können Bausparer rechnen:

- Wohnungsbauprämie von zehn Prozent auf Einzahlungen bis zu jährlich 800 Mark für Ledige und 1 600 Mark für Verheiratete, also maximal 80 bzw. 160 Mark Wohnungsbauprämie im Jahr.
- Zusätzlich gibt es für Vermögenswirksame Leistungen, die über den Arbeitgeber an die Bausparkasse abgeführt werden, zehn Prozent Arbeitnehmersparzulage für Einzahlungen bis zu 936 Mark je Jahr und Arbeitnehmer, also bis zu 93,60 Mark. Die gesamte Arbeitnehmersparzulage wird jedoch nicht mehr jedes Jahr, sondern erst nach dem siebten Jahr überwiesen.

Somit kann ein Ehepaar pro Jahr bis zu 347,20 Mark an staatlichen Bausparhilfen erhalten. Diese Vergünstigungen können allerdings immer weniger Bundes-

bürger und zukünftige Eigenheimer in Anspruch nehmen. Denn sie werden nur gewährt, wenn die seit Jahren stagnierenden Einkommensgrenzen nicht über-
bürger und zukünftige Eigenheimer in Anspruch nehmen. Denn sie werden nur gewährt, wenn die seit Jahren stagnierenden Einkommensgrenzen nicht über-
schritten werden. Diese liegen bei einem zu versteuernden Einkommen von 27 000 Mark für Ledige und 54 000 Mark für Verheiratete. Das entspricht »echten« Bruttoeinkommen von mindestens 32 000 Mark bei Ledigen und 63 000 Mark bei Verheirateten. Kinder erhöhen diese Brutto-Einkommensgrenzen ebenso wie höhere Werbungskosten. Eigenheimer, die den Paragraph 10e oder andere Steuervergünstigungen in Anspruch nehmen, können sogar noch mit viel höheren Bruttoeinkommen Wohnungsbauprämie und Arbeitnehmersparzulage erhalten. Gebäudeabschreibungen verringern zum Beispiel das zu versteuernde Einkommen deutlich. Im Extremfall können damit Verheiratete mit Bruttoeinkommen von 100 000 Mark noch in den Genuß der Bausparförderung kommen. Bausparern mit Prämienanspruch greift der Staat auch noch unter die Arme: Bausparzinsen unterliegen nicht der Zinsabschlagsteuer, wenn der Sparer die Wohnungsbauprämie erhält.

Tip
Eigenheimer, deren Einkünfte die Höchstgrenzen überschreiten, können Bausparbeiträge als Sonderausgaben bei der Einkommensteuer geltend machen. Allerdings haben die meisten Steuerzahler die bei den steuersparenden Vorsorgeaufwendungen geltenden Höchstgrenzen bereits mit ihren Zahlungen zur gesetzlichen Sozialversicherung erreicht, so daß Bausparleistungen nur noch selten zu einer Steuersenkung führen.

4. Monatliche Belastungen

Die Planung ist das A und O einer soliden Baufinanzierung. Bevor Sie sich ins Abenteuer stürzen, sollten Sie Bilanz ziehen. Machen Sie eine Soll- und Habenrechnung des Familienbudgets. Früher mußten die Großmütter schon ganz schön pfiffig sein, um jeden Monat über die Runden zu kommen. Zwar kosteten die Brötchen damals nur ein paar Pfennige, dafür aber kam der Vater jeden Monat nur mit zehn oder 15 Mark in der Lohntüte nach Hause. Damit der 20. nicht zum Monatsultimo wurde, führte die kluge Hausfrau Buch.
Heutzutage geht es meist viel unsystemetischer zu. Was jeder kleine Handwerksmeister macht – die monatliche Bilanz – gehört im Unternehmen »Familie«

längst nicht zum Tagesgeschäft. Wenn am 25. nichts mehr auf dem Konto ist, gibt die Bank gerne einen Kredit, allerdings zu kräftigen Zinsen. Wer eine Immobilie erwerben will, sollte sich jedoch möglichst schnell von dieser Verhaltensweise verabschieden. Da die Einnahmen im Normalfall kaum zu beeinflussen sind, abgesehen von tariflichen Lohnsteigerungen bzw. außerplanmäßigen Gehaltsanhebungen, müssen Sie sich über Ihre Kostensituation im klaren sein.
Im ersten Schritt sollten Sie also über Ihre monatlichen Einnahmen und Ausgaben genauestens Buch führen. Wichtig: Naturgemäß schwanken die Kosten. Deshalb sollten diese über drei Monate oder sogar ein halbes Jahr beobachtet werden, um danach einen Durchschnittswert bilden zu können. Nur so ist es Ihnen möglich, eine Einnahme-Überschuß-Rechnung zu machen. Also festzustellen, wieviel Geld Sie Monat für Monat noch übrig haben, um es entweder auf die hohe Kante zu legen oder aber Ihre Zins- und Tilgungsraten an den Darlehensgeber zu überweisen. Für den Immobilienerwerber ist es jedoch nicht damit getan, einen monatlichen Überschuß oder eine Unterdeckung in seinem Familienbudget zu ermitteln. Er weiß nämlich dann immer noch nicht, wo seine persönliche »Belastungsgrenze« bei der Baufinanzierung liegt.

Hierzu eine Faustregel
Wenn Sie 2500 Mark netto im Monat verdienen, liegt Ihre Belastungsgrenze etwa bei 30 Prozent des Nettoeinkommens. Das bedeutet: Sie können sich nicht mehr als 750 Mark an Zins- und Tilgungszahlungen im Monat leisten. Bei 3 000 Mark beträgt die Belastungsgrenze rund 35 Prozent, und bei mehr als 3 000 Mark Nettoeinkommen können Sie durchaus 40 Prozent als regelmäßige Hypothekenlast tragen.

Jetzt sind Sie schon einen großen Schritt weiter. Nun addieren Sie zu Ihrem monatlichen Überschuß die eingesparte Kaltmiete. Schließlich fällt die ja weg, wenn Sie ein eigenes Haus oder eine Wohnung erwerben. Prüfen Sie nach, ob die sich dabei ergebende Summe innerhalb der oben genannten Belastungsgrenzen liegt.
Zu einer herben Enttäuschung wird das Traumhaus, wenn Sie es sich nicht leisten können. Auch dann, wenn Sie und Ihre Familie von Wasser und Brot leben müssen, um es zu bezahlen. Sie brauchen demnach in jedem Fall ausreichend Geld, um Ihren Lebensunterhalt zu bestreiten. Auch hier wieder eine **Faustregel**, wieviel der Mensch für sich und seine Angehörigen im Monat benötigt: Singles etwa 1 300 Mark, kinderlose Ehepaare rund 1 800 Mark, Ehepaare mit einem Kind rund 2 100 und mit zwei Kindern rund 2 400 Mark monatlich. Da es sich hier immer nur um Richtwerte handelt, sind Abweichungen nach oben und nach unten durchaus an der Tagesordnung.

Soll- und Habenrechnung	
Einnahmen	
monatliches Familien-Nettoeinkommen	DM ....
(auf den Monat umgerechnete Sonderzahlungen (z.B. Weihnachts- und Urlaubsgeld)	DM ....
regelmäßige Einnahmen aus einem Nebenjob	DM ....
Kindergeld	DM ....
Zinsen und Dividenden aus Geldanlage, Mieteinnahmen	DM ....
sonstige Einkünfte	DM ....
Summe pro Monat	**DM ....**
Ausgaben	
Kaltmiete	DM ....
Haushalt/Lebensunterhalt (Richtwerte: Ehepaar 1 500 DM; pro Kind plus 300 DM)	DM ....
Autokosten	DM ....
Versicherungsbeiträge	DM ....
Nebenkosten für Wohnung auf Monat umgerechnet (z.B. Heizung, Strom, Wasser, Müllabfuhr)	DM ....
Monatsbasis für Freizeit, Kultur, Hobby, Urlaub	DM ....
Zins und Tilgung für Privatkredit	DM ....
Rücklage für Neuanschaffungen	DM ....
regelmäßige Sparraten	DM ....
sonstige monatliche Ausgaben	DM ....
Saldo	
Summe Einnahmen	DM ....
·/. Summe Ausgaben	DM ....
monatlicher Überschuß	DM ....

Wichtig
Rechnen Sie auf jeden Fall konservativ, also machen Sie sich nicht reicher, als Sie in Wirklichkeit sind. Wenn sie bei Ihrem Kassensturz also ermitteln, daß Sie im Monat zum Beispiel 1200 Mark an Zins- und Tilgungsleistungen verkraften können, dann darf das Hypothekendarlehen, acht Prozent Zins und ein Prozent Tilgung vorausgesetzt, eben nur 160 000 Mark hoch sein. Vorsicht: Wenn Sie sich bei der Versteigerung dazu verleiten lassen, über Ihr eigenes Limit hinauszugehen und dadurch das gerade noch tragbare Fremdkapital aufstocken müssen, ist der nächste Versteigerungstermin schon programmiert. Und dann kommt Ihr eigenes Heim unter den Hammer.

Wenn Sie nun Bilanz ziehen, um eine Baufinanzierung auf die Beine zu stellen, gehen Sie auf jeden Fall auf Nummer sicher. Deshalb sollte die Belastung für Sie auch dann noch erträglich sein, wenn die Steuerhilfen und sonstige Förderungen des Staats weggefallen sind).
Kalkulieren Sie realistische Einkommenssteigerungen ein, am besten in Höhe der durchschnittlichen Inflationsrate von rund drei Prozent. Größere Gehaltssprünge sind in der Regel wirklichkeitsfremd und nur unter besonderen Umständen möglich. Wichtig: Sichern Sie sich in jedem Fall genug finanziellen Spielraum, um unvorhergesehene Kosten für die defekte Waschmaschine oder den Austauschmotor zu zahlen.

5. Staatliche Förderungen

Ganz gleich, ob Sie eine Immobilie kaufen, bauen oder ersteigern – unter bestimmten Voraussetzungen zeigt sich der Staat äußerst spendabel. Im Mittelpunkt steht dabei die Steuerförderung. Ausschlaggebend für Immobilieneigner, die ihr Objekt selbst bewohnen, ist der § 10e des Einkommensteuergesetzes. Leider kommen Erwerber von gebrauchten Immobilien seit einiger Zeit nicht mehr in den vollen Genuß staatlicher Förderung. Wer ein Objekt ersteigert, das älter als zwei Jahre ist, darf nur noch bis zu 150 000 Mark als Berechnungsgrundlage für die Gebäudeabschreibung einsetzen. Erwerber von neueren Objekten (jünger als zwei Jahre) kommen dagegen in den Genuß der Höchstgrenze von 330 000 Mark.
Grundsätzlich funktioniert die steuerliche Förderung dabei wie folgt: Als Ersteigerer eines gebrauchten Objekts, das älter als zwei Jahre ist, schreiben Sie in den ersten vier Jahren jeweils sechs Prozent von 150 000 Mark ab. Zu gut Deutsch heißt dies: Sie machen in den ersten vier Jahren jeweils 9 000 Mark als Sonder-

ausgaben steuersparend geltend. Einen Immobilieneigner mit durchschnittlichem Einkommen bringt diese Steuerförderung jedes Jahr rund 2 500 Mark Steuerersparnis.

In den darauffolgenden vier Jahren ermäßigt sich der Abschreibungs-Prozentsatz von sechs auf fünf Prozent. Das bedeutet: Im sechsten bis achten Jahr nach Ersteigerung der Immobilie ziehen Sie 7 500 Mark als steuersparende Sonderausgaben von Ihrem Einkommen ab. Steuerersparnis für den Durchschnittsverdiener: etwas mehr als 2 000 Mark. Einen zusätzlichen Vorteil haben Immobilieneigentümer mit Kindern. Ihnen gewährt der Staat das sogenannte Baukindergeld. Pro Jahr und Sprößling gibt es acht Jahre lang jeweils 1 000 Mark als direkten Abzug von der Steuerschuld.
Sie haben nun zwei Möglichkeiten, staatliche Förderung zu beanspruchen:

- Sie lassen sich Zeit bis zu Ihrer Einkommensteuererklärung. Das Finanzamt stellt Ihnen ein eigenes Formblatt zur Verfügung, die Anlage FW, um Ihre steuerliche Förderung zu beantragen. Dort tragen Sie alle Daten Ihres Eigenheims ein. Dann geben Sie diese »Anlage« zusammen mit Ihren restlichen Steuerunterlagen beim Finanzamt ab. Sie warten ein halbes Jahr auf den Steuerbescheid, und dann wird Ihnen Ihre Steuererstattung überwiesen.
- Viel früher können Sie über Ihr Geld verfügen, wenn Sie gleich im Januar einen Antrag auf »Lohnsteuerermäßigung« stellen. Auch hierfür gibt es selbstverständlich ein Formblatt. Dort tragen Sie alle unter steuerlichen Gesichtspunkten wichtigen Daten Ihres Objekts ein und geben den Antrag zusammen mit Ihrer Lohnsteuerkarte beim Finanzamt ab. Ihr Finanzbeamter prüft Ihre Angaben und trägt dann einen sogenannten Freibetrag in Ihre Lohnsteuerkarte ein. Die Folge davon ist, daß Ihnen Ihre Firma jeden Monat nun weniger Steuern abzieht und Sie ein höheres Nettogehalt auf Ihr Konto überwiesen bekommen.

Neben der steuerlichen Förderung haben Immobilieneigner, wenn Sie bestimmte Voraussetzungen erfüllen, noch die Möglichkeit, den sogenannten ersten Förderweg oder den zweiten Förderweg zu beschreiten. Hier gewährt der Staat zinsgünstige oder sogar zinslose Darlehen, die zusätzlich in den ersten Jahren – erfahrungsgemäß die schwersten für Immobilieneigner – nicht getilgt werden brauchen. Nachteil dieser Regelung:

1. Die Fördertöpfe sind jedes Jahr nur mit einer bestimmten Summe gefüllt. Daher gilt das »Windhundprinzip«. Immobilieneigner, die früh genug öffentliche Mittel beantragen, kommen am ehesten zum Zuge. Es kann aber passieren, daß ein Antragsteller, der sich erst im Herbst um die Mittel bemüht, auf das nächste Jahr vertröstet wird.
2. Die Fördermittel kommen nur einem ganz bestimmten, genau definierten Personenkreis zugute. Jene Bestimmungen unterscheiden sich aber von Bundes-

land zu Bundesland, so daß es hier zu weit führen würde, auf die einzelnen Kriterien genau einzugehen. Zumal sich die Voraussetzungen regelmäßig ändern. Orientierungshilfe: Vor allem kinderreiche Familien mit geringem Einkommen und Behinderte erhalten bevorzugt die staatlichen Finanzhilfen.

Hier gibt es Informationen zu staatlichen Förderungen

Schleswig-Holstein
Innenministerium
Kiel

Hamburg
Wohnungsbaukreditanstalt
Hamburg

Bremen
Senator für Bauwesen
Bremen

Niedersachsen Bayern
Sozialministerium
Hannover

Hessen
Landesentwicklungsministerium
Wiesbaden

Mecklenburg-Vorpommern
Innenministerium
Schwerin

Brandenburg
Ministerium für Stadtentwicklung,
Wohnen und Verkehr
Potsdam

Thüringen
Innenministerium
Erfurt

Nordrhein-Westfalen
Ministerium für Bauen
Düsseldorf

Rheinland-Pfalz
Finanzministerium
Mainz

Baden-Württemberg
Innenministerium
Stuttgart

Landratsämter und Verwaltungen
der kreisfeien Städte

Berlin
Senator für Bau- und Wohnungswesen, Berlin

Sachsen
Innenministerium
Dresden

Sachsen-Anhalt
Städtebauministerium
Magdeburg

IV. Ihre persönliche Bietstrategie

Nachdem Sie bisher Ihre Wunschimmobilie auf Herz und Nieren geprüft haben, sollten Sie sich jetzt mit dem amtlichen Ablauf eines Versteigerungstermins vertraut machen. Denn häufig kommt es vor, daß Interessenten trotz sorgfältiger Recherche und Vorbereitung dennoch nicht den Zuschlag erhalten, weil sie die formalen Spielregeln einer Versteigerung nicht kennen. Damit Ihnen das nicht passiert und Sie während der Bietstunde ein wirksames Gebot für Ihr auserwähltes Objekt abgeben, brauchen Sie eine persönliche Bietstrategie, mit der Sie dann zum Zug kommen.
Wichtig für Ihre Bietstrategie sind besonders zwei Punkte: Neben dem eigentlichen Verfahrensablauf, den Sie unbedingt kennen sollten, müssen Sie vorab festlegen, wie hoch Sie im Termin bieten wollen. Mit Ihrem persönlichen Preislimit verhindern Sie, daß Sie bei der Versteigerung einem »Bietrausch« verfallen, den Sie anschließend bitter bereuen.

Wichtig
Bevor Sie selbst mitbieten, sollten Sie vorher probeweise einige Versteigerungstermine besuchen. Bei diesem Anschauungsunterricht lernen Sie das eigentliche Verfahren bei Versteigerungen sowie die besondere Atmosphäre, die bei einem solchen Termin herrscht, kennen. Außerdem haben Sie während des Termins ausreichend Zeit und Gelegenheit, sich direkt beim Fachmann, dem durchführenden Rechtspfleger, über den Ablauf zu informieren. Ihre Erfahrungen können Sie anschließend hervorragend in Ihre persönliche Bietstrategie einfließen lassen.

Ziel Ihrer Strategie sollte es sein, im Versteigerungstermin ein wirksames Gebot abzugeben, das Ihren eigenen Preisvorstellungen entspricht. Überlegen Sie also zunächst einmal, ob Sie persönlich im Termin mitbieten wollen oder – ausnahmsweise – sich vertreten lassen. Und denken Sie daran, wenn Sie mitbieten werden, benötigen Sie einen gültigen Personalausweis. Daran ist schon so mancher Bietinteressent gescheitert. Nicht selten werden abgelaufene Personalausweise oder statt dessen andere persönliche Dokumente, wie Reisepaß oder Führerschein, präsentiert.

Wenn jemand stellvertretend für Sie im Termin bieten soll, müssen Sie Ihren Bevollmächtigten mit einer notariell beglaubigten Bietungsvollmacht ausstatten. Eine solche Vollmacht sollten Sie von Ihrem Notar aufsetzen lassen. Wichtigster Punkt: Legen Sie unbedingt fest, bis zu welcher Höhe Ihr Vertrauter maximal in Ihrem Namen Gebote abgeben darf. Im Termin sollte Ihr Bevollmächtigter den Rechtspfleger auf das Limit aufmerksam machen, ohne daß die übrigen Konkurrenten und Beteiligten davon erfahren. Ihre Unterschrift unter die Bietungsvollmacht müssen Sie in Gegenwart des Notars leisten, der diese anschließend beglaubigt. Selbstverständlich muß auch der von Ihnen beauftragte Stellvertreter im Versteigerungstermin neben der Vollmacht einen gültigen Personalausweis vorlegen, damit er ein wirksames Gebot abgeben kann.

Stammtischgeschichten, in denen jemand eine Immobilie zu einem lächerlich geringen Teil des Verkehrswerts oder gar zum symbolischen Preis von einer Mark ersteigert hat, müssen – leider – in das Reich der Legendenbildung verwiesen werden. Hier ist wohl eher der Wunsch Vater des Gedankens. In der Realität müssen Gebote mindestens das sogenannte geringste Gebot erreichen. Das geringste Gebot ist eine rechnerische Untergrenze, die das Amtsgericht festsetzt. Es umfaßt in der Regel die Verfahrenskosten und die rückständigen Grundsteuern. Ausnahme: Bei dem Objekt müssen bestehenbleibende Rechte übernommen werden, die Vorrang vor dem Gläubiger haben, der die Versteigerung betreibt. Solche Rechte sind beispielsweise Grundschulden, Hypotheken sowie Nießbrauchs- oder Wohnrechte.
Diese bestehenbleibenden Rechte sind immer in der II. und III. Abteilung des entsprechenden Grundbuchauszugs eingetragen. Nehmen Sie also unbedingt Einsicht in den Grundbuchauszug des Versteigerungsobjekts, und kontrollieren Sie anhand der Einträge in der II. und III. Abteilung, ob andere Rechte vor der Forderung des Versteigerungs-Gläubigers Vorrang haben. Nur diese Belastungen, die in der Rangordnung der Grundbucheintragungen höher stehen als das Recht des bestrangig betreibenden Gläubigers, müssen Sie beim Zuschlag übernehmen. Alle nachrangigen Rechte werden beim Eigentümer-Wechsel gelöscht. Interessieren Sie sich dabei besonders für die Eintragungen der III. Abteilung, in der Grundschulden und Hypotheken aufgelistet sind. Selten, aber immerhin möglich: Die Bank X hat eine Grundschuld gegen den Noch-Eigentümer der Immobilie und ist im Grundbuch vor der Bank Y, die die Versteigerung betreibt, eingetragen. In diesem Fall müßten Sie als Ersteher diese Grundschuld übernehmen. Doch wie bereits gesagt: Rechte oder Lasten, die vom Vorgänger übernommen werden müssen, sind eher selten. In der Regel erwirbt der Bieter lastenfrei. Wie hoch das geringste Gebot für Ihr Wunschobjekt liegt und welche Rechte Sie gegebenenfalls übernehmen müssen, falls Sie den Zuschlag erhalten, können Sie beim zuständigen Rechtspfleger erfragen.

Wichtig
Ihr Gebot, das Sie im Versteigerungstermin abgeben, ist immer ein sogenanntes Bargebot. Das bedeutet, daß es nur den bar zu zahlenden Teil des geringsten Gebots (Verfahrenskosten und rückständige Grundsteuern) plus den Betrag, den Sie gegebenenfalls über das geringste Gebot hinaus bieten (§ 49 Abs.1 ZVG), umfaßt. Der Wert der bestehenbleibenden Rechte ist allerdings nicht in diesem Bargebot enthalten. Und diesen Punkt müssen Sie unbedingt in Ihrer Bietstrategie berücksichtigen. Denn wenn Sie wissen wollen, wie teuer Ihr Wunschobjekt abschließend wird, müssen Sie »im Geiste« den wirtschaftlichen Wert der bestehenbleibenden Rechte zu Ihrem Kaufpreisangebot (Bargebot) addieren.

Beispiel 1
Eine Eigentumswohnung soll versteigert werden. Ihr Verkehrswert wird auf 200 000 DM geschätzt. Die Zwangsversteigerung wird von der Gläubiger-Bank X betrieben.
Verkehrswert 200 000 DM
geringstes Gebot 2 000 DM (Verfahrenskosten)
\+ 50 000 DM (bestehenbleibendes Recht, beispielsweise Grundschuld zugunsten der Bank X)

Das Bargebot muß in diesem Fall also mindestens 2000 Mark betragen. Wird der Zuschlag zum geringsten Gebot erteilt, kostet den Ersteigerer die Immobilie insgesamt 52 000 Mark. 2000 Mark muß er im Verteilungstermin zahlen und die Grundschuld zugunsten der Bank X in Höhe von 50 000 Mark übernehmen.
Wenn Sie im Versteigerungstermin ein Gebot abgeben, das niedriger als das amtliche Mindestangebot ausfällt, dann ist Ihr Kaufpreisangebot unwirksam. Aber auch bei einem höheren Gebot als dem geringsten erhalten Sie unter Umständen den Zuschlag von Amts wegen nicht. Der Grund: Damit die Immobilie des Schuldners nicht zu einem unverhältnismäßig geringen Preis den Eigentümer wechselt, gilt im Ersttermin die 5/10-Grenze. Das bedeutet, daß Gebote im Ersttermin mindestens 50 Prozent des Verkehrswerts erreichen müssen (§ 85a Abs. 1 ZVG). Als Ersttermin im juristischen Sinne gilt dabei nicht der tatsächlich erste Termin, sondern jeder Versteigerungstermin, bei dem sowohl die 5/10-Grenze als auch die 7/10-Grenze gelten. Wenn Sie im Ersttermin weniger als 70 Prozent des Verkehrswertsd bieten, kann der Zuschlag auch in diesem Fall auf Antrag eines-Gläubigers versagt werden (§ 74a Abs. 1 ZVG).

Beispiel 2

Es gelten dieselben Voraussetzungen wie bei Beispiel 1

Verkehrswert 200 000 DM
geringstes Gebot 2 000 DM (Verfahrenskosten)
+ 50 000 DM (bestehenbleibende Rechte)

5/10-Grenze
Bargebot 50 000 DM
bestehenbleibende Rechte + 50 000 DM
100 000 DM

7/10-Grenze
Bargebot 90 000 DM
bestehenbleibende Rechte + 50 000 DM
140 000 DM

Zu den antragsberechtigten Gläubigern zählen all die Gläubiger nicht, deren Ansprüche durch das Meistgebot bereits voll befriedigt würden oder die auch bei Erreichen dieser Grenze noch nichts erhalten würden. Antragsberechtigt sind demnach nur bestimmte Gläubiger, deren Anspruch in etwa der 7/10-Grenze entspricht. Der antragsberechtigte Gläubiger kann verlangen, daß der Zuschlag versagt wird, er muß aber keinen Antrag stellen.

Wichtig für Ihre persönliche Bietstrategie
Versuchen Sie herauszufinden, wer im Ersttermin einen solchen Antrag stellen kann, und klären Sie gegebenenfalls in einem persönlichen Gespräch, ob der Gläubiger voraussichtlich diesen Antrag stellen wird.

Fazit: Während die 5/10-Grenze dem Schulderschutz dient, will der Gesetzgeber mit der 7/10-Grenze anspruchsberechtigte Gläubiger schützen. Dieses Ansinnen ist zwar berechtigt, für Sie als Bietinteressenten aber eher ein Ärgernis.

Mit einem kleinen strategischen Trick können Sie diese Grenzen zu Fall bringen: Bieten Sie im Ersttermin höher als das geringste Gebot, aber bleiben Sie mit Ihrem Angebot unterhalb der 5/10-Grenze. Den Zuschlag erhalten Sie zwar nicht, aber

Ihrer Wunschimmobilie zu günstigen Konditionen sind Sie damit einen Schritt näher gekommen. Ist der Zuschlag nämlich versagt worden, weil einer der beiden Grenzen nicht erreicht wurde, muß der Rechtspfleger einen zweiten Versteigerungstermin festlegen. In diesem sogenannten Zweittermin gelten dann weder die 5/10-Grenze noch die 7/10-Grenze. Allerdings ist das geringste Gebot, das Sie bereits kennengelernt haben, auch weiterhin das Mindestgebot, das nicht unterschritten werden darf. Aber damit läßt sich allemal leichter ersteigern als mit der 5/10- und der 7/10-Grenze.

Ganz gleich, wie hoch diese Grenzen für Ihr Wunschobjekt liegen, bei der Gebotsabgabe sollten Sie sich ausschließlich von Ihrer persönlichen Preisgrenze leiten lassen. Überlegen Sie sich in aller Ruhe, wieviel Ihnen die Immobilie wert ist. Wählen Sie als Limit keine runden Beträge. Denn diese setzen sich auch andere Bietinteressenten als Grenze, so daß Sie nicht zum Zug kommen. Satteln Sie lieber noch ein paar Hunderter drauf, beispielsweise 151 600 Mark anstatt 150 000 Mark. Das krumme Limit erhöht Ihre Chancen auf den Zuschlag ungemein. Falls Sie keine bestehenden Rechte übernehmen müssen, stimmt Ihre festgesetzte Preisgrenze mit dem Gebotslimit, das Sie im Termin abgeben, überein. Ansonsten müssen Sie von Ihrer Preisgrenze den Wert der bestehenden Rechte abziehen. Dann erhalten Sie den Betrag, den Sie höchstens bieten dürfen.

Hüten Sie Ihre Preisgrenze wie ein Staatsgeheimnis, damit niemand der Beteiligten Ihre Strategie durchkreuzen kann. Im Versteigerungstermin ist dann absolute Disziplin gefordert. Häufig kommt es vor, daß Interessenten erst in den letzten zehn Minuten der Bietstunde ihre Gebote abgeben. Dadurch entsteht eine hektische Atmosphäre, die unnötige Zeitnot bei den Beteiligten auslöst. Sie sollten sich durch ein solches Verhalten nicht unter Druck setzen lassen und an Ihrem Preislimit unbedingt festhalten. Ansonsten können Sie in einen Bietrausch fallen, der Ihnen letztlich nur finanzielle Probleme bereitet. Auch die schönste Immobilie wird Ihnen keine Freude bringen, wenn Sie sie zu einem völlig überhöhten Preis erstanden haben oder unter Umständen gar nicht mehr finanzieren können.

Zehn Prozent Ihrer Preisvorstellung müssen Sie dann zur Versteigerung mitnehmen. Hintergrund: Im Termin wird häufig auf Verlangen eines Gläubigers oder des Schuldners eine **Sicherheitsleistung** in Höhe von zehn Prozent des Bargebots (Gebot ohne bestehenbleibende Rechte) verlangt. Diese Summe müssen Sie nach Abgabe Ihres Gebots zahlen. Ausnahmsweise kann die Sicherheitsleistung auch höher ausfallen. Sind die Verfahrenskosten höher als zehn Prozent des Bargebots, dann müssen Sie eine Sicherheit in Höhe dieses Betrags hinterlegen. Dabei werden nur bestimmte Mittel als Sicherheitsleistung vom Gericht akzeptiert: Bargeld, bestätigte Landeszentralbank-Schecks, Bankbürgschaften sowie inländische

Wertpapiere, wenn sie auf den Inhaber lauten und einen Kurswert haben (§ 69 ZVG). Allerdings werden in der Praxis kaum Wertpapiere hinterlegt, weil deren Handhabung viel zu kompliziert ist.

Die gängigste und für Sie einfachste Sicherheitsleistung ist der bestätigte Scheck einer Landeszentralbank (LZB). Bitten Sie Ihre Bank, die die Finanzierung übernommen hat, Ihnen gegen eine Gebühr einen solchen Scheck zu besorgen. Der LZB-Scheck muß innerhalb von acht Tagen nach Ausstellung und mindestens drei Tage nach dem Versteigerungstermin eingelöst werden. Das bedeutet, daß der Bestätigungsvermerk auf der Rückseite des Schecks nicht älter als zwei Tage sein darf, wenn Sie ihn als Sicherheitsleistung hinterlegen wollen. Um auf Nummer sicher zu gehen, sollten Sie neben einem LZB-Scheck, der zehn Prozent Ihres Preislimits beträgt, auch Bargeld als Sicherungsmittel mitnehmen. Angenommen, die Sicherheitsleistung beträgt mehr als zehn Prozent des Gebots, weil die Verfahrenskosten höher liegen, dann können Sie die Differenz mit Bargeld ausgleichen. Allerdings sollten Sie keine hohen Barbeträge bei sich haben. Das Risiko, daß Sie das Geld verlieren oder es Ihnen gestohlen wird, ist zu groß. Wenn Sie die Sicherheit in Form einer Bürgschaft hinterlegen wollen, müssen Sie einen solventen Bürgen vorweisen. In der Regel wird eine Bankbürgschaft verlangt. Am sichersten ist eine Bürgschaft der Gläubigerbank.

Besorgen Sie sich also rechtzeitig und in ausreichender Menge Sicherheitsleistungen. Bei Sicherheitsleistungen in zu geringer Höhe oder nicht zugelassenen Mitteln, wie Sparbücher oder Eurocheques, wird Ihr Kaufpreisangebot abgelehnt.

Zum Schluß noch ein paar Tips, die Sie beherzigen sollten:

- Fragen Sie einige Tage vor der Versteigerung beim zuständigen Rechtspfleger nach, ob es bei dem Termin bleibt. Häufig wird ein Termin kurzfristig wieder abgesetzt, weil der Schuldner seine Rückstände in letzter Minute doch noch ausgeglichen hat oder sich ein Interessent und der Hauptgläubiger auf einen freihändigen Verkauf geeinigt haben.
- Lassen Sie sich im Termin durch Ihre Bietkonkurrenten nicht aus der Ruhe bringen. Halten Sie an Ihrer ausgeklügelten Bietstrategie in jedem Fall fest. Sie ist gut überlegt und deshalb erfolgversprechend. Lautstarkes Heruntermachen der Immobilie kann zur Strategie der Konkurrenz gehören. Reagieren Sie also nüchtern und fragen Sie im Zweifelsfall den Bankvertreter, ob an den angeblichen Mängeln etwas dran ist.
- Bei der Ersteigerung von Immobilien liegen Frust und Freude dicht beeinander. Wenn es beim ersten Termin nicht geklappt hat, sollten Sie Ausdauer zeigen und weitermachen. Für das richtige Schnäppchen Geduld.

Anhand der nachfolgenden Checkliste können Sie noch einmal überprüfen, ob Sie bei Ihrer Biettaktik an alle wichtigen Punkte gedacht haben. Auch das amtliche Merkblatt für Bieter enthält wichtige Hinweise zu den Versteigerungsbedingungen.

<table>
<tr><th>Checkliste: Bietstrategie</th><th>Notizen</th></tr>
<tr><td>
Wer bietet?

• Biete ich selbst?
• Habe ich einen Personalausweis, der am Versteigerungstermin gültig ist?
• Beauftrage ich einen Stellvertreter als Bieter?
• Liegt eine notariell beglaubigte Bietungsvollmacht vor?
• Hat mein Stellvertreter einen Personalausweis, der am Tag der Versteigerung gültig ist?

Wie hoch ist das geringste Gebot?
(Fragen Sie beim zuständigen Rechtspfleger nach.)

• Wie hoch ist das Bargebot?
• Müssen bestehenbleibende Rechte übernommen werden?
• Um welche Art von Rechten handelt es sich (Dienstbarkeiten, Grundschulden, Hypotheken)?
• Wie sind die bestehenbleibenden Rechte zu bewerten?

Ist der Versteigerungstermin ein Ersttermin?

• Wie hoch ist die 5/10-Grenze?
• Wie hoch ist die 7/10-Grenze?
• Welcher Gläubiger kann den Zuschlag wegen Nichterreichens der 7/10-Grenze verlangen?

Ist der Versteigerungstermin ein Zweittermin?
(Dann gelten 5/10- und 7/10-Grenze nicht mehr.)
</td><td></td></tr>
</table>

V. Versteigerungstermin

Der Hauptpunkt bei der Ersteigerung Ihrer Wunschimmobilie ist der Versteigerungstermin bei Gericht. Am Tag X, an dem das Objekt unter den Hammer kommt, können Sie Ihre gute Vorbereitung in die Waagschlage werden und bei der Ersteigerung mit ein wenig Glück siegen. Doch bevor es richtig losgeht, sollten Sie sich am Vortag der Versteigerung noch einmal beim Rechtspfleger vergewissern, ob die Versteigerung zum angegebenen Zeitpunkt tatsächlich stattfindet. Mit einem rechtzeitigen Telefonanruf können Sie sich unter Umständen den unnötigen Weg zum Amtsgericht ersparen. Wenn Sie schon einmal zur Probe an einem Versteigerungstermin teilgenommen haben, kennen Sie den Ablauf bei Gericht. Der Versteigerungstermin besteht aus drei Phasen: Bekanntmachungsteil, Bietstunde und Verhandlung über den Zuschlag.

1. Bekanntmachungsteil

Der Versteigerungstermin beginnt mit dem Bekanntmachungsteil. Wie der Name bereits sagt, werden in diesen ersten 15 bis 30 Minuten des Versteigerungstermins alle Daten und Informationen bekanntgegeben, die für den formellen Ablauf der Versteigerung wichtig sind.

Der Rechtspfleger informiert die Anwesenden über folgende Punkte:

- alle Verfahrensbeteiligten, insbesondere Schuldner und Gläubiger,
- Inhalt des Grundbuchauszugs,
- Gläubiger, die die Zwangsversteigerung betreiben sowie ihre Forderungen gegenüber dem Noch-Hauseigentümer,
- Versteigerungsbedingungen; an dieser Stelle erfahren Sie auch, ob das Objekt lastenfrei erworben werden kann oder bestehenbleibende Rechte übernommen werden müssen,
- Verkehrswert, 5/10-Grenze sowie 7/10-Grenze,
- geringstes Gebot,
- Einheitswert der Immobilie, der die Basis bei der Berechnung der Grundsteuer ist,
- Hinweis auf die zu zahlende Grunderwerbsteuer, die in der Regel zwei Prozent des Erwerbspreises (Meistgebot plus bestehenbleibende Rechte) beträgt,
- Hinweis auf die Eintragung des Eigentümers in das Grundbuch. Der meistbietende Interessent wird zwar bereits mit dem Zuschlag Eigentümer. Die Ein-

tragung ins Grundbuch erfolgt aber erst, nachdem er die Grunderwerbsteuer gezahlt hat und er eine entsprechende Unbedenklichkeitsbescheinigung des Finanzamts vorlegt. Mit dieser Bescheinigung bekundet das Finanzamt, daß der Eintragung ins Grundbuch keine steuerlichen Bedenken entgegenstehen.

- Ausgebotsarten: Wenn mehrere Grundstücke zu versteigern sind, dann müssen diese laut Gesetz grundsätzlich einzeln ausgeboten, das heißt verhandelt und versteigert werden (§ 63 Abs. 1 ZVG). Das gilt auch für Grundstücksbruchteile, beispielsweise ein Haus, das je zur Hälfte dem Ehemann und der Ehefrau gehört. In einem solchen Fall und bei Einfamilienhäusern oder Eigentumswohnungen mit Einstellplatz oder Garage beantragen die Gläubiger aber häufig ein sogenanntes Gesamtausgebot. Das bedeutet, daß der Meistbietende das gesamte Objekt, wie im Grundbuch eingetragen und bewertet, mit dem Zuschlag erwirbt.

Grundsätzlich werden Sie im Bekanntmachungsteil nichts neues hören, wenn Sie sich ausführlich auf den Versteigerungstermin vorbereitet haben. Dieser Teil der Versteigerung ist in aller Regel der langweiligste für alle Beteiligten. Er ist jedoch kraft Gesetz fester Bestandteil der Versteigerung, besonders im Interesse der Gläubiger und des Schuldners.
Während der Rechtspfleger aus den Gerichtsakten vorliest, können Sie sich also ruhig zurücklehnen. Dennoch sollten Sie nicht die notwendige Aufmerksamkeit vermissen lassen und den Ausführungen des Rechtspflegers interessiert folgen. Immerhin ist es möglich, daß noch ein weiterer Gläubiger seine Rechte gegenüber dem Schuldner geltend gemacht hat oder seine Forderung erst im Termin anmeldet. Auch kann ein Gläubiger den Antrag stellen, von den gesetzlichen Versteigerungsbedingungen abzuweichen. Er kann anstelle des gesetzlichen Einzelausgebots beispielsweise das Gesamtausgebot beantragen.

Wichtig
Notieren Sie sich die Punkte, die Ihnen während des Bekanntmachungsteils unklar geblieben sind. Im Verlauf der anschließenden Bietstunde haben Sie dann genügend Gelegenheit, den Rechtspfleger zu fragen.

2. Bietstunde

Das Herzstück des Versteigerungstermins ist die Bietstunde. Der Rechtspfleger beendet den Bekanntmachungsteil, indem er die Interessenten um Gebote bittet, und läutet damit die Bietstunde ein.

Einen Mindestaufrufpreis, wie bei Auktionen von Teppichen oder Schmuck, gibt es bei der Immobilienversteigerung nicht. Allerdings sollten Sie an das geringste Gebot denken: Jedes Gebot, das niedriger liegt, kommt überhaupt nicht zum Zug.

Wenn Sie wollen, können Sie also sofort mit dem Bieten beginnen. Die Bietstunde dauert, wie es der Name bereits andeutet, mindestens 60 Minuten. Denken Sie aber in jedem Fall an Ihre zuvor festgelegte Biettaktik. Am besten lassen Sie zunächst einmal Ihre Konkurrenten bieten, dann können Sie deren wahres Interesse am Objekt leichter durchschauen. Sie sollten mit dem Bieten aber nicht bis zur letzten Minute warten. Das verursacht nur unnötige Hektik und ist bei den Rechtspflegern nicht gern gesehen. Halten Sie sich bei Ihrer Biettaktik an Ihr persönliches Limit. Mit kleinen Bietschriften (zum Beispiel 100 Mark) strapazieren Sie eventuell die Geduld des Rechtspflegers und der Gläubiger. Sie vermeiden dadurch aber, daß Sie Ihre gesetzte Preisgrenze schnell überschreiben. Theoretisch können Sie das vorangegangene Gebot auch um einen Pfennig überbieten.

Wichtig
Wenn Sie Ihr erstes Gebot abgeben, müssen Sie nach vorne zum Rechtspfleger gehen, sich ausweisen und eventuell eine Sicherheit von zehn Prozent Ihres Gebots hinterlegen. Wenn Sie anschließend weitere Gebote abgeben, müssen Sie diese Sicherheitsleistung erhöhen.

Im Normalfall haben Sie im Versteigerungstermin mehrere Konkurrenten, die sich ebenfalls für das Objekt interessieren. Das können andere Bieter sein oder auch die Gläubiger-Bank, die die Zwangsversteigerung betreibt. Bei mehreren Bietern sollten Sie unbedingt Ihr Gebotslimit im Auge behalten. Hier ist die Gefahr am größten, in einen richtigen Bietrausch zu fallen. Ist Ihr (ungerades) Limit überschritten, steigen Sie aus der Versteigerung aus und überlassen die Immobilie einem anderen. Damit Ihr Konkurrent nicht Ihre Taktik inklusive Preisgrenze durchschauen kann, sollten Sie in abwechselnd hohen Beträgen bieten (mal 100 Mark, mal 1 000 Mark mehr). Das verunsichert die Gegenseite.

Ist Ihr Konkurrent die Gläubiger-Bank, dann können Sie sich eventuell auch außerhalb des Gerichtssaals einigen. Das Interesse der Bank ist klar: Zum einen will sie die Immobilie so schnell wie möglich unter den Hammer bringen und einen Erlös aus der Versteigerung verbuchen. Auf der anderen Seite dürfen die Verluste der Bank nicht allzu groß sein. Sprechen Sie den Gläubigervertreter während der Bietstunden ruhig an, und bitten Sie ihn um ein kurzes Gespräch.

Möglich ist es immerhin auch, daß Sie von Anfang an mit der Gläubiger-Bank eine gemeinsame Bietstrategie entwerfen. Falls ein freihändiger Verkauf der Immobilie nicht mehr möglich ist, können Sie sich mit der Bank bereits vor dem Versteigerungstermin auf einen Preis einigen, der dann in der Versteigerung den Zuschlag erhält.

Während der Bietstunde nennt der Rechtspfleger jedes wirksame Gebot. Nach Ablauf der 60 Minuten ruft er das bis dahin höchste Gebot auf, und zwar höchstens dreimal. Mit diesem Aufruf und der Bekanntgabe, daß die Versteigerung geschlossen ist, steht das Meistgebot fest. Der Zuschlag wird allerdings noch nicht in der Bietstunde erteilt, sondern erst in der dritten Phase des Versteigerungstermins.

3. Zuschlag

Die Verhandlungen über den Zuschlag sind der kürzeste Teil des Versteigerungstermins, aber unter Umständen auch der spannendste. Denn in diesen Minuten entscheidet sich, ob der Meistbietende auch der zukünftige Eigentümer der Immobilie sein wird. Der Zuschlag ist ein sogenannter rechtsbegründender Akt, durch den das Immobilieneigentum erworben wird. Im Unterschied zu einem normalen Kaufvertrag hat die Eintragung in das Grundbuch bei einer ersteigerten Immobilie nur noch rechtsbekundenden Charakter. Auf Antrag der Gläubiger kann der Zuschlag sofort im Anschluß an die Bietstunde erteilt werden.
Handelt es sich bei der Versteigerung um einen Ersttermin und erreicht das Meistgebot nicht die 7/10-Grenze, dann kann der Zuschlag auf Antrag eines Gläubigers versagt werden. In einem zweiten Termin wird die Versteigerung wiederholt.

Der Gläubiger kann den Zuschlag auch für bestimmte Zeit aussetzen lassen, wenn er sich noch nicht sicher ist, ob er das Meistgebot akzeptieren will. Durch die Aussetzung gewinnt der Gläubiger also Bedenkzeit. In einem besonderen Verkündungstermin wird anschließend der Zuschlag erteilt. Ist dem Gläubiger in einem Zweittermin das Meistgebot zu niedrig (im Ersttermin gelten die 5/10-Grenze sowie die 7/10-Grenze), kann er die einstweilige Einstellung bewilligen. Das Verfahren wird dann nur auf seinen Antrag hin fortgesetzt.

Angenommen, der Gläubiger hat Ihrem Gebot den Zuschlag sofort erteilt, dann sind Sie Eigentümer der Immobilie geworden. Den Rest Ihres Meistgebots einschließlich der aufgelaufenen Zinsen (vier Prozent des Bargebotes ab der Erteilung des Zuschlags), müssen Sie erst beim Verteilungstermin zahlen. Der findet in der Regel sechs bis acht Wochen, nachdem Sie den Zuschlag erhalten haben, statt.

VI. Was geschieht beim Verteilungstermin?

Der Begriff **Verteilungstermin** klingt ein wenig seltsam. Er ist zumindest ungewohnt für all jene Immobilieninteressenten, die noch nie etwas mit einer Immobilienversteigerung zu tun hatten. Dabei erklärt dieser Begriff genau das, was während dieses Termins passiert: Es wird nämlich Geld verteilt. Diese Aufgabe übernimmt der Rechtspfleger des Amtsgerichts. Er muß also dafür sorgen, daß der Erlös, der während der Versteigerung für das Objekt erzielt wurde, an die unterschiedlichen Gläubiger ausgezahlt wird. Das sind zumeist Banken, Sparkassen oder Versicherungen. Für Sie als derjenige, der während der Versteigerung den Zuschlag bekommen hat, ist es im Prinzip unerheblich, wer das Geld bekommt. Wichtig ist ausschließlich, daß Sie den Preis, den Sie geboten und zu dem Sie zum Zuge gekommen sind, auch zahlen.

Um Ihnen den Ablauf der finanziellen Transaktionen nochmals in Erinnerung zu rufen: Bekommen Sie während des Versteigerungstermins den Zuschlag, dann müssen Sie lediglich zehn Prozent des Erwerbspreises an Ort und Stelle bezahlen. Die restlichen 90 Prozent werden erst beim besagten Verteilungstermin fällig, der in der Regel vier bis acht Wochen nach der eigentlichen Versteigerung stattfindet.

Wichtig
Da die Darlehensgeber des bisherigen Immobilieneigentümers in dieser Zeit nur über zehn Prozent des Erwerbspreises und nicht über die volle Summe verfügen können, wird Ihnen bis zum Verteilungstermin im Grunde ein Kredit gewährt. Diesen gibt es natürlich nicht zum Nulltarif. Das bedeutet: Neben dem zu zahlenden Restbetrag des Erwerbspreises werden zusätzlich vier Prozent Zinsen für die Zeit zwischen Versteigerungs- und Verteilungstermin fällig.

Beispiel
Sie ersteigern eine Immobilie für 500 000 Mark. Der Verteilungstermin findet genau acht Wochen (bzw. 60 Zinstage) nach der Versteigerung statt. Dann sieht Ihre Rechnung wie folgt aus:

Erwerbspreis (= Steigpreis)	500 000 DM
zu zahlen bei Versteigerungstermin 10 %	50 000 DM
Restbetrag des Erwerbspreises 90 %	450 000 DM
+ 4 % Zinsen für 60 Zinstage	3 000 DM
beim Verteilungstermin insgesamt zu zahlen	453 000 DM

Das hört sich alles ganz einfach an. Doch bedenken Sie: Auch wenn Sie bei der Versteigerung zum Zuge gekommen sind und Sie somit schon eine ordentliche Strecke auf dem Weg zum Immobilieneigentum zurückgelegt haben, so wartet doch noch viel Arbeit auf Sie. In der Zeit zwischen Versteigerungs- und Verteilungstermin, also in jenen vier bis acht Wochen, müssen Sie Ihre Finanzierung endgültig unter Dach und Fach bringen.

Am besten, Sie nehmen schon einen Tag nach der Versteigerung Kontakt mit Ihrem Geldgeber auf. Achtung: Manche Banken, Sparkassen oder Versicherungen verlangen von Ihnen, daß der Eigentümerwechsel und die Hypothek ins Grundbuch eingetragen werden, bevor das Darlehen überwiesen wird. Erfahrungsgemäß mahlen die Mühlen der Bürokratie recht langsam, so daß die Eintragung ins Grundbuch meist zwei bis drei Monate dauert. Für Sie ist das zu spät, da der Verteilungstermin wie gesagt vier bis acht Wochen nach der Versteigerung stattfindet.

Tip
Klären Sie schon vor der Versteigerung mit Ihrer Bank oder Versicherung ab, daß für die Auszahlung des Darlehens eine sogenannte notarielle Grundschuldbestellung reicht. Somit ist sichergestellt, daß der Gläubiger im Ernstfall zu seinem Recht kommt.

Häufig verlangt der Darlehensgeber vor Auszahlung des Kredits auch eine Unbedenklichkeitsbescheinigung des Finanzamtes. Diese erhalten Immobilieneigentümer, wenn sie die Grunderwerbsteuer (zwei Prozent des Erwerbspreises) gezahlt haben. Um den ganzen Ablauf zu beschleunigen, empfiehlt es sich, daß Sie nicht so lange warten, bis Ihnen das Steueramt Ihrer Stadt oder Gemeinde die Unbedenklichkeitsbescheinigung ohne Aufforderung zusendet. Zahlen Sie die Grunderwerbsteuer, und suchen Sie mit dem Einzahlungsbeleg das kommunale Steueramt auf mit der Bitte, man möge Ihnen eine Unbedenklichkeitsbescheinigung ausstellen.

Abschließender Tip: Es ist nicht nötig, daß Sie am Verteilungstermin teilnehmen. Sie werden sich wohl kaum mit einem schmucken Lederköfferchen bewaffnen und den Rest des Erwerbspreises bar auf den Tisch des Hauses legen. Sie müssen also Ihren Darlehensgeber veranlassen, das Geld auf das vom Rechtspfleger genanntes Konto zu überweisen. Achten Sie darauf, daß Sie Ihrem Darlehensgeber das genaue Datum mitteilen, bis wann das Geld eingegangen sein muß. Wenn Sie nicht sicher sind, ob alles reibungslos geklappt hat, erkundigen Sie sich einige Tage vor dem Verteilungstermin beim Rechtspfleger, ob die erforderliche Summe eingegangen ist.

Checkliste: Verteilungstermin

1. Vollständige Objektunterlagen zusammenstellen.
2. Grundschuldbestellung beim Notar beantragen.
3. Grunderwerbsteuer zahlen.
4. Unbedenklichkeitsbescheinigung beim kommunalen Steueramt anfordern.
5. Vollständige Objektunterlagen (Beleihungsunterlagen) zusammen mit dem Darlehensantrag beim Darlehensgeber einreichen.
6. Entscheiden, ob der Rest des Erwerbspreises (plus vier Prozent Zinsen) bar beim Verteilungstermin gezahlt wird oder durch den Darlehensgeber überwiesen werden soll.
7. Bei Überweisung: dem Darlehensgeber den spätesten Überweisungstermin nennen.
8. Fünf Tage vor Verteilungstermin beim Rechtspfleger des Amtgerichts erkundigen, ob Geld eingetroffen ist.
9. Gegebenenfalls Zahlungserinnerung bei Ihrer Bank oder Versicherung.

VII. Besonderheiten bei der Zwangsversteigerung

1. Rechtliche Risiken

Wenn Sie ein Haus oder eine Wohnung ersteigern, müssen Sie wissen, daß diese Form des Eigentumserwerbs einige rechtliche Risiken für Sie als Ersteher mit sich bringen kann. Sicherlich kann auch der normale Kauf einer Immobilie aus rechtlicher Sicht Nachteile für den Eigentümer bergen. Aufgrund der Vorschriften aus der Zivilprozeßordnung (ZPO) und des Zwangsversteigerungsgesetzes (ZVG) weichen die möglichen Rechtsrisiken bei der Ersteigerung von denen eines einfachen Kaufvertrags ab.

Keinerlei Risiko gehen Sie auf jeden Fall bei der Ersteigerung ein, wenn Sie Ihr Wunschobjekt lastenfrei, ohne Mängel und unbewohnt übernehmen können. Prüfen Sie unbedingt vor dem Versteigerungstermin nach, ob alle diese Punkte erfüllt sind. Wenn dies nicht der Fall ist, sollten Sie die möglichen rechtlichen Konsequenzen bedenken und anschließend entscheiden, ob Sie immer noch an der Ersteigerung interessiert sind.

2. Ausschluß der Gewährleistung

Im Unterschied zum Kaufvertrag haben Sie als Erwerber einer versteigerten Immobilie keinen Anspruch auf Gewährleistung, wenn Sie Mängel an der Immobilie feststellen (§ 6 Satz 3 ZVG).
Bei der Ersteigerung liegt das Risiko, daß die Immobilie mangelhaft ist, allein beim Erwerber. Sie haben auch keinen Anspruch gegen das Gericht, das als Vermittler zwischen dem alten und dem neuen Eigentümer aufgetreten ist. Selbst, dann wenn das Wertgutachten Fehler enthält oder unvollständig ist, müssen Sie das hinnehmen. Aus diesem Grund sollten Sie auf jeden Fall das Objekt außen und innen besichtigen. Nehmen Sie zur Besichtigung einen Baufachmann mit, der mögliche Mängel prüft und Ihnen sagen kann, wieviel Sie die Fehlerbeseitigung voraussichtlich kosten wird. Bitten Sie den alten Eigentümer hartnäckig um eine Innenbesichtigung. Gerade ältere Immobilien sind im Wohnbereich erheblich renovierungs- und sanierungsbedürftig.

3. Übernahme von Belastungen durch den Erwerber

Während Sie Mängeln an Ihrer Wunschimmobilie nur selbst auf die Spur kommen und sich unter Umständen noch nicht einmal auf das gerichtliche Wertgutachten verlassen können, dürfen Sie dem Grundbuch in punkto eingetragene Lasten uneingeschränktes Vertrauen schenken.

Die Belastungen, die für Sie zu einer wirklichen wirtschaftlichen Last werden können, stehen insbesondere in der III. Abteilung. Hier sind alle Grundschulden und Hypotheken eingetragen, mit denen das Grundstück belastet ist. Falls Sie den Zuschlag erhalten, müssen Sie alle diejenigen Rechte übernehmen, die in der Rangordnung des Grundbuchs vor dem Gläubiger eingetragen sind, der die Zwangsversteigerung betreibt. Die Rangordnung der eingetragenen Rechte sowie die entsprechenden Gläubiger ersehen Sie aus dem Grundbuchauszug. Schauen Sie also nach, an welcher Position der Gläubiger aus dem Verfahren (zum Beispiel Bank) eingetragen ist. Wenn es noch einen Gläubiger gibt, der zwar nicht an der Zwangsversteigerung beteiligt ist, aber eine höherrangige Forderung besitzt, geht diese als sogenanntes **bestehenbleibendes Recht** zu Lasten des Erwerbers. Alle nachrangigen Rechte, die im Grundbuch eingetragen sind, werden nach der Versteigerung gelöscht.

Beispiel
Die Bank Z, die die Zwangsversteigerung betreibt, hat eine Forderung von 200 000 Mark. Sie ist an zweiter Stelle im Grundbuch eingetragen. An erster Stelle ist eine Grundschuld in Höhe von 100 000 Mark zugunsten der Bank X im Grundbuch vermerkt. Die Bank X ist nicht als Gläubiger an der Versteigerung beteiligt. Die Grundschuld ist damit ein bestehenbleibendes Recht, das zum geringsten Gebot hinzugerechnet werden muß. Das bedeutet: Wenn Sie den Zuschlag erhalten, müssen Sie nicht nur Ihr Meistgebot (Bargebot) zahlen, sondern zusätzlich die Grundschuld in Höhe von 100 000 Mark übernehmen. Denken Sie also an die bestehenbleibenden Rechte, wenn Sie im Termin bieten.

Vorsicht geboten ist auch bei den Rechten, die in der II. Abteilung des Grundbuchs eingetragen sind. Das sind Ansprüche Dritter, die sich auf die Nutzung des Grundstücks beziehen. Eine erhebliche Wertminderung für den neuen Eigentümer stellen eingetragene Rechte wie Erbbaurecht, Vorkaufsrecht, Nießbrauch oder

Wohnungsrecht dar. Addieren Sie den wirtschaftlichen Gegenwert solcher Rechte immer zu Ihrem Bargebot hinzu. Eher harmlos aus wirtschaftlicher und rechtlicher Sicht sind sogenannte Grunddienstbarkeiten, also Rechte, die Ihrem zukünftigen Nachbarn vorübergehend und nur zu bestimmten Gelegenheiten einen Anspruch gewähren. Dazu zählen das Wegerecht, das Leitungsrecht und das Durchgangs- oder Durchfahrtsrecht.

Neben dem Grundbuch sollten Sie auch einen Blick in das Baulastenverzeichnis werfen. In diesem Verzeichnis stehen alle öffentlichen Lasten, die Ihr Wunschobjekt betreffen. Dazu zählen beispielsweise öffentliche Bau- oder Nutzungsbeschränkungen. Falls die Immobilie, die Sie ersteigern wollen, vermietet ist, sollten Sie sich beim Wohnungsamt erkundigen, ob Wohnungsbindungen (Belegungs- und Mietpreisbindungen) existieren und wann diese erlöschen. Auch solche öffentlichen Lasten stellen eine wirtschaftliche Wertminderung dar. Kalkulieren Sie diese also bei Ihrem persönlichen Gebotslimit ein.

Tip
Fragen Sie den zuständigen Rechtspfleger rechtzeitig vor dem Versteigerungstermin nach Lasten aus dem Grundbuch oder öffentlichen Bestimmungen, die Sie eventuell übernehmen müssen. Auf diese Weise können Sie Ihre eigenen Nachforschungen noch einmal auf Ihre Richtigkeit überprüfen. Die bekannte Redensweise »Fragen kostet nichts« macht sich auf jeden Fall bezahlt, denn Ihre Unkenntnis kann Sie später teuer zu stehen kommen.

4. Übergabe der Immobilie

Räumung durch den Eigentümer

Zwar halten Sie mit dem Zuschlagsbeschluß auch gleichzeitig einen Räumungstitel in der Hand, der den alten Eigentümer zur Räumung und Herausgabe des Objekts verpflichtet. Dagegen kann sich der Schuldner allerdings mit einem Antrag beim Vollstreckungsgericht wehren, in dem er nachweist, daß die Räumung »wegen ganz besonderer Umstände eine Härte bedeutet, die mit den guten Sitten nicht vereinbar ist« (§765a ZPO). Diese Härteklausel kann beispielsweise bei hohem Alter des Schuldners oder einer schweren Krankheit erfolgreich sein. Wird der Antrag auf Vollstreckungsschutz abgelehnt, bleiben dem Schuldner eine Reihe

anderer Rechtsmittel, mit denen er die Herausgabe verhindern kann: Rechtspflegeerinnerung, Beschwerde beim Landgericht, Beschwerde beim Oberlandesgericht, Verfassungsbeschwerde beim Bundesverfassungsgericht. Auch wenn alle diese Mittel am Ende für den alten Eigentümer keinen Erfolg bringen, wird deutlich, daß ein solcher Rechtsstreit sich über Jahre hinziehen kann.
Um einer solchen Auseinandersetzung zu entgehen, sollten Sie bereits vor dem Versteigerungstermin herausfinden, ob der Noch-Eigentümer zu einer freiwilligen Räumung bereit ist. Am besten ist es, sich von ihm schriftlich zusichern zu lassen, daß er die Immobilie innerhalb einer bestimmten Frist nach Zuschlagserteilung räumt. Wenn Sie sofort nach dem Eigentumswechsel einziehen wollen, reicht es manchmal schon aus, eine Abstandssumme zu zahlen, um an das gewünschte Ziel zu kommen.

Räumung durch den Mieter

Nach dem Zwangsversteigerungsgesetz steht Ihnen ein Ausnahmekündigungsrecht zu (§57a ZVG). Danach dürfen Sie grundsätzlich mit einer Frist von drei Monaten für den ersten zulässigen Termin kündigen. Das ist spätestens der dritte Werktag des Kalendermonats, der auf die Zuschlagserteilung folgt. Allerdings gelten auch bei einer solchen Ausnahmekündigung alle gesetzlichen Bestimmungen, die dem Mieter Kündigungsschutz gewähren (§ 556a BGB ff.). Für Sie als neuer Eigentümer bedeutet das: Kündigen dürfen Sie nur, wenn Sie ein berechtigtes Interesse an der Beendigung des Mietverhältnisses haben. Dafür kommen nur drei Gründe in Betracht: Sie melden Eigenbedarf an, Sie können die Immobilie in Anbetracht des Mietverhältnisses nicht angemessen wirtschaftlich verwerten (sprich: weiterverkaufen) oder der Mieter hat seine Vertragspflichten erheblich verletzt. Der Mieter hat in jedem Fall ein Widerspruchsrecht. Wenn die Kündigung für ihn oder seine Familie eine besondere Härte bedeuten würde, die auch unter Würdigung der Interessen des Vermieters nicht zu rechtfertigen ist, kann er gemäß der Sozialklausel (§556a BGB) die Fortsetzung des Mietverhältnisses verlangen. Damit ist Ihre Odysee als Vermieter aber ncoh nicht beendet. Selbst wenn Sie den folgenden Räumungsprozeß gewinnen, kommen Sie immer noch nicht zum Zug. Der Mieter kann nämlich eine angemessene Räumungsfrist beantragen, die insgesamt maximal ein Jahr beträgt. Anschließend kann er in besonderen Fällen auch noch Vollstreckungsschutz vom Gericht erlangen.
Die Aufzählung der Mieterschutzrechte macht deutlich: Wenn Sie keinen Schrekken ohne Ende wollen, einigen Sie sich mit dem derzeitigen Mieter auf gütlichem Wege. Bieten Sie ihm unter Umständen eine andere Mietwohnung an oder kaufen Sie ihm seinen Mietschutz ab. Das kostet Sie allemal weniger Geld und Nerven als ein Räumungsprozeß.

VIII. Wirtschaftliche Aspekte des Immobilienerwerbs durch eine Versteigerung

Ganz gleich, ob Sie eine Immobilie bauen, kaufen oder ersteigern, im Grunde machen Sie zwei Dinge gleichzeitig: Mit dem Immobilienerwerb tun Sie etwas für Ihre Seele, da Sie sich einen langgehegten Traum erfüllen. Außerdem ist Immobilieneigentum eine durchaus attraktive Kapitalanlage, da Ihr Haus oder Ihre Wohnung weitgehend sicher vor Inflationsgefahren ist. Dennoch fragen sich viele zukünftige Eigentümer, ob sie den Traum von den eigenen vier Wänden verwirklichen oder lieber weiter zur Miete wohnen sollen. Um es vorwegzunehmen: Immobilieneigentum lohnt in 99 Prozent der Fälle. Sowohl für den Selbstnutzer als auch für denjenigen, der sein Haus oder seine Eigentumswohnung vermietet.

1. Vorteile für Selbstnutzer

In den deutschen Großstädten sind Neubau-Kaltmieten von weit mehr als 20 Mark beileibe keine Seltenheit. Auch wer meint, für eine noch halbwegs passable 100-Quadratmeter-Altbauwohnung nur 1000 Mark Monatsmiete hinlegen zu müssen, der wird nur müde von Maklern und Vermietern belächelt. An den enorm hohen Kaltmieten – vor allem in Ballungsgebieten – wird sich in den nächsten Jahren wohl nicht viel ändern, da Wohnraum in der Bundesrepublik knapp bleibt.

Wenn Sie darüber nachdenken, weiter Miete zu zahlen oder Wohneigentum zu erwerben, sollten Sie sich folgende Tatsachen genau überlegen. Nehmen wir einmal an, Sie bezahlen 1000 Mark Kaltmiete im Monat. Diese 1000 Mark summieren sich bei angenommen nur drei Prozent Mietsteigerung pro Jahr auf weit mehr als eine halbe Million Mark in 30 Jahren. Zugegeben, das Beispiel entspricht nicht ganz der Realität. Wer heute noch solch billigen Wohnraum anbietet, der möge sich sofort beim Verlag melden. Näher bei der Wahrheit liegt wohl die satte Million, die das treusorgende Familienoberhaupt für sich und seine Angehörigen nach drei Jahrzehnten Mieterdasein seinem Vermieter überwiesen hat.

So gesehen ergibt es schon einen Sinn, für dieses Geld die eigenen vier Wände zu kaufen, zu bauen oder zu ersteigern. Die Vorteile sind wohl nicht von der Hand zu weisen: Kündigung mit Sicherheit ausgeschlossen, finanzielle Vorsorge für das Rentenalter, Wertsteigerung der Immobilie programmiert sowie in der Regel eine attraktive Rendite auf das eingesetzte Eigenkapital.

Zum Vergleich ein weiteres Beispiel. Die Frage: Welche Investition bringt unter Renditegesichtspunkten mehr – eine Million Mark zu acht Prozent Zinsen auf der hohen Kante oder mit einer Million Mark ein freistehendes Einfamilienhaus zu erwerben. Die Stiftung Warentest hat detailliert nachgewiesen, daß Sie mit dem Bau eines Hauses auf lange Sicht besser abschneiden. Begründung: Die Kapitaleinkünfte in Höhe von 80 000 Mark im Jahr werden – jenseits der Sparerfreibeträge von 6 100 DM/12 200 DM (Ledige/Verheiratete) pro Jahr nachhaltig besteuert. So bleibt unter dem Strich, je nach persönlichem Steuersatz, häufig nur die Hälfte von jeder Zinsmark. Außerdem lohnt es nicht, die Zinsen einfach für den Konsum auszugeben. Denn die Inflation sorgt dafür, daß das Kapital langsam aber sicher weniger wird.

Der Erwerb der eigenen vier Wände schneidet im Vergleich dazu, so die Stiftung Warentest, wesentlich besser ab. Die mehr oder weniger schleichende Inflation wird durch eine entsprechende Wertsteigerung von Grund und Boden mehr als ausgeglichen. Eingesparte Miete und die steuerlichen Vergünstigungen in den ersten acht Jahren sorgen zusätzlich für eine Steigerung der Eigenkapitalrendite.

Somit ist unter bestimmten Voraussetzungen Immobilieneigentum, zumal im Wege der Versteigerung, weitaus günstiger, als weiter zur Miete zu wohnen. Und zwar immer dann, wenn

- Sie über ein sehr hohes Einkommen verfügen. Die **Faustregel**: Je höher das jährliche Einkommen, desto höher der persönliche Steuersatz und dementsprechend hoch die Steuerersparnis aufgrund der staatlichen Vergünstigungen. Vorausgesetzt, Sie überschreiten nicht die Förderungshöchstgrenzen;
- Sie über ein hohes Eigenkapital (z.B. angespartes Vermögen, größere Schenkung oder Erbschaft) verfügen. Ein geringer Fremdfinanzierungsanteil bei Ihrem Vorhaben kann die Eigenkapitalrendite nach Steuern erheblich erhöhen;
- in den kommenden Jahren entweder hohe Inflationsraten drohen oder aufgrund der immer bedrohlicher werdenden Lage auf dem Wohnungsmarkt die Mieten und Baupreise kräftig steigen.

Grundsätzlich ist es nicht falsch, folgende Rechnung aufzumachen
Immobilieneigentum ist unter finanziellen Gesichtspunkten günstiger als Miete zu zahlen. Und: Wenn Sie ein Haus oder eine Wohnung ersteigern, fahren Sie in der Regel besser als beim Bau oder Kauf einer Immobilie. Inwieweit sich der Immobilienerwerb für Sie persönlich rechnet, sollten Sie anhand einer Antwort auf die folgende Frage selbst entscheiden: Kann ich mit der monatlichen Kaltmiete, die ich derzeit bezahle, das für den Immobilienerwerb benötigte Fremdkapital finanzieren? Oder machen die monatlichen Zins- und Tilgungszahlungen unter dem Strich sogar noch weniger aus als die Kaltmiete? Bedenken Sie: Nur die Kaltmiete ist in der Tat ausschlaggebend für Ihre Rechnung. Denn die Nebenkosten, die Sie als Mieter haben, müssen Sie auch als Immobilieneigentümer zahlen.

2. So rechnen Sie als Vermieter

Auch Immobilieninteressenten, denen ein Haus oder eine Wohnung als reine Kapitalanlage dient, haben die Chance, im Wege der Versteigerung ein günstiges Objekt zu finden. Vor allem Steuerzahler, denen das Finanzamt aufgrund eines hohen Einkommens viel Steuern abverlangt, empfinden eine vermietete Immobilie häufig als legale Steueroase. Wenn dann das Objekt auch noch ersteigert worden ist, wirkt ein doppelter Vorteil:

1. Wie schon weiter oben beschrieben, stehen die Chancen gar nicht schlecht, das Haus oder die Wohnung ggf. weit unter dem Verkehrswert zu erwerben.
2. Für vermietete Objekte sind die steuerlichen Vergünstigungen weitaus umfassender als für selbstgenutzte Immobilien.

Der letzte Punkt, die steuerlichen Vergünstigungen, soll jetzt etwas genauer unter die Lupe genommen werden.

Ausschlaggebend für Ihren Anspruch, über eine vermietete Immobilie Steuern sparen zu können, ist der § 7 des Einkommensteuergesetzes (EStG). In der Regel dürfte der Absatz 4 dieses Paragraphen zutreffen, weil hierin die Abschreibungsmöglichkeiten für Altobjekte näher definiert sind. Da es bei Versteigerungen in fast jedem Fall um gebrauchte Immobilien geht, sind die in § 7 Abs. 4 beschriebenen Abschreibungssätze die Regel.

IX. Alternativen zur Versteigerung

Es gibt viele Wege, Immobilieneigentümer zu werden. Neben der Zwangsversteigerung, die in Deutschland noch immer ein Mauerblümchendasein führt, können Sie selbstverständlich auch auf normalem Weg durch Bauen oder Kaufen Eigentum erwerben. Daneben ist der freihändige Kauf über einen Makler als Vermittler inzwischen üblich. Eine etwas exotischere Form des Immobilienerwerbs stellt hingegen die **Immobilienauktion** ohne Amtsgericht dar. Auch rund um die **Zwangsversteigerung** gibt es zwei Sonderwege, auf denen man zum neuen Eigentümer eines Objekts werden kann: durch Erwerb von der Gläubiger-Bank oder mittels Notverkauf und Rettungserwerb.

1. Notverkauf und Rettungserwerb

Was sich beim ersten Lesen recht dramatisch anhört, ist im Grund ein normaler Verkauf. Eine Immobilie, die versteigert werden soll, muß nicht unter den sprichwörtlichen Hammer, wenn sich die Beteiligten vor dem Termin einigen. Wenn Ihr Interesse an einem Objekt groß ist und Sie sich mit dem Schuldner auf einen Kaufpreis einigen können, steht einem notariellen Kaufvertrag nichts mehr im Wege. Die Zwangsversteigerung ist damit überflüssig geworden.

Aber Vorsicht: Beim Rettungserwerb sollten Sie mit allen Beteiligten, Schuldner und Gläubiger, zum Notar gehen. Der Grund: Unter Umständen ist bereits vor Ihren Verhandlungen mit dem Käufer der Versteigerungsvermerk ins Grundbuch eingetragen worden. Mit diesem Vermerk darf der Schuldner als alter Eigentümer nicht mehr uneingeschränkt über die Immobilie verfügen. Zwar können Sie weiterhin einen Kaufvertrag anfertigen lassen, der auch wirksam ist. Mit diesem Vertrag haben Sie aber lediglich einen Anspruch auf das Eigentum. Eigentümer im rechtlichen Sinn werden Sie erst mit dem Eintrag ins Grundbuch. Dieser Eintrag ist aber gegenüber dem Gläubiger unwirksam, wenn dieser vorher einen Versteigerungsvermerk beantragt hat. Dieser Vermerk soll also den Gläubiger schützen und wirkt gegen jede Rechtsänderung (Verfügung) durch den alten Eigentümer. Fazit für Sie: Sie haben zwar einen notariell beglaubigten Kaufvertrag und eine Menge Kosten für den Notar, aber immer noch kein Eigentum an Ihrer Wunschimmobilie.

Wenn Sie Eigentümer werden wollen, besprechen Sie den Kaufvertragsentwurf samt Preisvorstellung gemeinsam mit dem Schuldner und der Gläubiger-Bank. Einigen Sie sich mit Ihren Partnern, ob alle Belastungen, die in der II. und III. Abteilung des Grundbuchs eingetragen sind, gelöscht werden sollen. Denn als neuer Eigentümer treten Sie nach dem Bürgerlichen Gesetzbuch in die Fußstapfen Ihres Vorgängers und müssen die Forderungen seiner Gläubiger gegen sich gelten lassen (§ 419 BGB). Wenn alle Belastungen gelöscht werden, lassen Sie sich eine Kopie der Löschungsbewilligung aushändigen.

2. Erwerb von einer Gläubiger-Bank

Wenn die Gläubiger-Bank im Versteigerungstermin das Meistgebot abgegeben hat, können Sie trotzdem noch Eigentümer per Zuschlag werden: Bitten Sie die Gläubiger-Bank vor der Verkündung des Zuschlags, einen Antrag auf Aussetzung des Zuschlags zu stellen. Wie Sie bereits wissen, kann die Gläubiger-Bank auf diese Weise eine Auszeit nehmen und das Meistgebot– in dem Fall ihr eigenes Angebot –noch einmal überdenken. Während dieser Bedenkzeit können Sie dann mit der Bank über den Kaufpreis verhandeln. Dieser wird in der Regel höher als das Meistgebot liegen. Denken Sie bei den Verhandlungen an Ihr Gebotslimit.

Wenn Sie sich geeinigt haben, tritt die Bank das Meistgebot an Sie ab (§ 398 BGB). Im Verkündungstermin erhalten Sie anschließend in Höhe des Meistgebots den Zuschlag. Liegt der ausgehandelte Preis über dem Meistgebot, dann zahlen Sie die Differenz außerhalb der Versteigerung an die Bank.

Fazit
Der Erwerb von der Gläubiger-Bank ist in den meisten Fällen teurer als die Ersteigerung. Hinzu kommt, daß Sie doppelte Grunderwerbsteuer zahlen müssen, also je zwei Prozent für die Abgabe des Meistgebots sowie für dessen Abtretung. Auch die Differenz von Meistgebot und vereinbartem Kaufpreis ist grunderwerbsteuerpflichtig. Ein kleiner Trost bleibt: Die Zuschlagskosten in Höhe von 0,5 Prozent werden nur für das Meistgebot berechnet. Die Zahlungen außerhalb der Versteigerung sind zuschlagskostenfrei.

3. Freihändiger Kauf über den Makler

Der Makler hat sich als Mittler zwischen Verkäufer und Käufer beim privaten Immobilienerwerb etabliert. Ihr Vorteil als Käufer: Sie können von seinem guten Marktüberblick und seinen Erfahrungen profitieren. Allerdings sind seine Dienste nicht kostenlos: Für die erfolgreiche Vermittlung einer Immobilie wird stets eine Provision, die sogenannte Courtage, fällig. Sie steht dem Makler nur zu, wenn er mit dem Käufer einen Vertrag hat, seine Tätigkeit ursächlich für den Kauf ist und der Interessent vorher nicht gewußt hat, daß seine Wunschimmobilie zum Verkauf stand. Auch für die Vermittlung von Immobilien, die dem Makler selbst gehören oder an denen er selbst beteiligt ist, darf er keine Courtage verlangen.

Wichtig
Da es in dieser Branche – wie leider überall – einige schwarze Schafe gibt, sollten Sie auf einem schriftlichen Vertrag mit Ihrem Makler bestehen. Fixieren Sie darin die Höhe der Provision und wer Sie zu zahlen hat (Käufer oder Verkäufer oder beide je zur Hälfte). Das bloße Zusenden von Exposés oder Zeitungsannoncen über Immobilien, die zum Verkauf stehen, begründen noch keinen Provisionsanspruch. Der wird erst fällig, wenn der Kaufvertrag aufgrund der Vermittlung des Maklers zustandekommt. Auch wenn Sie einen Makler eingeschaltet haben, sollten Sie sich selber für den Immobilienmarkt informieren. Auf diese Weise können Sie bei überhöhten Preisvorstellungen erfolgreich verhandeln.

4. Immobilienauktion ohne Amtsgericht

Diese freiwilligen Versteigerungen, die von Privatleuten, zum Beispiel Auktionshäusern, organisiert werden, finden nur selten statt und sind deshalb weitgehend unbekannt. Hier können Immobilien von privater Hand oder von Banken und Versicherungen an Privatleute verkauft werden. Immobilienauktionen verlaufen ähnlich wie andere Auktionen, auf denen eine tatsächlich vorhandene Ware versteigert wird, beispielsweise Antiquitätenauktionen.

Der Auktionator handelt stellvertretend für den Verkäufer. Er nennt ein Mindestangebot (in der Regel 50 Prozent des ermittelten Verkehrswerts), das überboten werden muß. Im Unterschied zur Zwangsversteigerung reicht bei der Abgabe von Geboten das bloße Handzeichen. Der Bieter braucht nicht nach vorne zu gehen und sich auszuweisen. Der Nächstbietende muß seinen Vorgänger immer um einen bestimmten Betrag, der vorher festgelegt wird, überbieten. Die Steigerungsspanne kann zwischen 1000 und 10 000 Mark liegen. Eine Bietstrategie mit unterschiedlich hohen Mehrbeträgen wie bei der Zwangsversteigerung können Sie bei dieser Gelegenheit nur beschränkt anwenden.

Den Zuschlag erhält auch bei der freiwilligen Auktion der Meistbietende. Mit dem Zuschlag wird der Bieter allerdings noch kein Eigentümer. Der Eigentumswechsel findet erst statt, wenn der Meistbietende den vollen Betrag seines Gebots gezahlt hat. Neben einer Sicherheitsleistung, die er während der Auktion hinterlegen muß, wird der Restbetrag in der Regel innerhalb eines Monats nach Zuschlag fällig. Neben dem Meistgebot muß der Erwerber noch folgende Kosten tragen: zwei Prozent Grunderwerbsteuer, drei bis sechs Prozent des Erwerbspreises als Gebühr an den Auktionator sowie Gebühren für den Notar und den Grundbucheintrag.

Wenn in Ihrer Nähe eine solche Auktion stattfindet, lohnt es sich bestimmt, probeweise teilzunehmen und ein wenig Versteigerungsatmosphäre zu erleben. Auch hier sind die **Tageszeitung** und das kostenlose **Wochenblatt** die besten Informationsquellen. Solche Versteigerungen werden in der Regel von **privaten Auktionsfirmen** veranstaltet, die ihre Termine per Werbeanzeige in den Zeitungen rechtzeitig bekannt machen. So können Sie sich auch schon einmal auf eine Zwangsversteigerung einstimmen. Allerdings sollten Sie beim entscheidenden Termin an die Unterschiede dieser beiden Versteigerungsarten denken.

X. Die wichtigsten Fachbegriffe von A–Z

Aktenzeichen
Wichtigstes Hilfsmittel, um Einblick in die Objektunterlagen (Beschreibung und Wertgutachten) der zu versteigernden Immobilie zu erhalten.

Amtsgericht
Behördliche Einrichtung, in der die Versteigerung vorgenommen wird.

Annuitätendarlehen
Baukredit, für den gleichbleibende Jahresraten an Zins- und Tilgungsleistungen zu zahlen sind. Die jährliche Belastung (Annuität) setzt sich zusammen aus dem für das Darlehen vereinbarten Zinssatz sowie der Darlehenstilgung, die in der Regel pro Jahr ein Prozent vom Darlehen ausmacht.

Bargebot
Der Preis, den Sie für die Immobilie zu zahlen haben, wenn Sie bei der Versteigerung den Zuschlag erhalten haben. Darin nicht enthalten sind die bestehenden Rechte von nachrangigen Gläubigern. Wichtig: »Bargebot« ist lediglich ein Fachausdruck. Er bedeutet nicht, daß Sie den Preis bar während des Versteigerungstermins zu zahlen haben.

Eigenkapital
Eigenes Vermögen, das Sie für die Finanzierung der ersteigerten Immobilie einsetzen.

Fremdkapital
Von einer Bank, Sparkasse, Versicherung oder Bausparkasse geliehenes Geld, um die ersteigerte Immobilie zu finanzieren.

Geringstes Gebot
Ein vom Rechtspfleger festgesetzter Mindestpreis, der bei der Versteigerung erzielt werden muß. Das »geringste Gebot« umfaßt die Verfahrenskosten und gegebenenfalls die vom Voreigentümer noch nicht gezahlten Grundsteuern.

Grundbuch
Amtlicher Nachweis, wer Eigentümer einer Immobilie ist und wodurch die Immobilie belastet ist (z.B. Hypothek, Wohnrecht).

Grunderwerbsteuer
Beim Immobilienerwerb zu zahlende Steuer. Sie beträgt zwei Prozent des Erwerbspreises.

Hypothek
Auch Grundschuld genannt. Hypotheken werden im Grundbuch eingetragen. Sie dienen Gläubigern dazu, ihre Kredite zu sichern.

Mindestgebot
→ Gebot.

Mischnutzung
Eine Immobilie wird zum Teil vom Eigentümer bewohnt und teilweise vermietet.

Objektbeschreibung
Unterlagen, die der Versteigerungsinteressent unter Nennung des jeweiligen Aktenzeichens beim Amtsgericht einschauen darf.

Rechtspfleger
Staatsdiener, dem die Organisation der Versteigerung obliegt.

Staatliche Förderung
Finanzielle Unterstützung vom Staat für den Erwerb von Wohneigentum. Darunter fallen sowohl Steuererleichterungen für selbstgenutztes und vermietetes Wohneigentum als auch direkte Finanzierungshilfen (z. B. zinsgünstige Kredite, die für eine bestimmte Zeit nicht getilgt werden brauchen).

Steigpreis
Gesamtpreis, für den Sie den Zuschlag erhalten.

Steuersatz
Steuerliche Belastung des Arbeitnehmers. Faustregel: Je höher das Einkommen, desto höher der Steuersatz. Zur Zeit beträgt er 53 Prozent ab einem zu versteuernden Einkommen von 120 000/240 000 Mark (Ledige/Verheiratete). Je höher der persönliche Steuersatz, desto größer die Steuerersparnis für Eigennutzer und Vermieter.

Teilungsversteigerung
Bestimmte Form der Versteigerung, bei der in der Regel eine Erbengemeinschaft eine Immobilie versteigern läßt, um den Erlös unter sich aufzuteilen.

Tilgung
Rückzahlung eines Darlehens. Je nach Zinssatz kann die Tilgung eines Hypothekendarlehens bis zu 33 Jahre dauern. Erst dann sind Sie also völlig schuldenfrei.

Unbedenklichkeitsbescheinigung
Dieses erhalten Sie, wenn Sie die Grunderwerbsteuer gezahlt haben. Mit Hilfe der Unbedenklichkeitsbescheinigung bestätigt Ihnen das zuständige Finanzamt, daß Sie ein aufrechter Steuerzahler sind.

Verkehrswert
Preis, der unter normalen Marktbedingungen für eine Immobilie zu erzielen ist. Der »Verkehrswert« ist eine der wichtigsten Informationen für den Versteigerungsinteressenten. Danach sollte sich nämlich sein Bietlimit richten. Heutzutage wechseln Versteigerungsobjekte in der Regel für 80 bis 90 Prozent des Verkehrswerts den Eigentümer.

Vermögenswirksame Leistungen
Seit rund 30 Jahren praktizierte Form der Vermögensbildung für Arbeitnehmer. Vermögenswirksame Leistungen werden tariflich vereinbart und vom Arbeitgeber gezahlt. Die Höchstgrenze der vermögenswirksamen Leistungen beträgt 936 Mark im Jahr bzw. 78 Mark im Monat. Die Sparformen sind vom Gesetzgeber genau vorgegeben, denn die Zahlungen dürfen nur in Unternehmensbeteiligungen oder Bausparverträge fließen. Zusätzlich zu den vermögenswirksamen Leistungen hat ein Arbeitnehmer unter bestimmten Voraussetzungen (Einkommensgrenzen beachten) Anspruch auf die sogenannte Arbeitnehmersparzulage vom Staat. Sie beträgt zehn Prozent der pro Jahr gezahlten vermögenswirksamen Leistungen, höchstens 93,60 DM.

Versteigerungstermin
Hier kommt eine Immobilie unter den Hammer.

Verteilungstermin
Der während des Versteigerungstermins erzielte Erlös wird durch den Rechtspfleger an die Gläubiger des vorherigen Eigentümers »verteilt«.

Vollfinanzierung
Immobilienfinanzierung ohne Eigenkapital, demnach ausschließlich mit Hilfe von Darlehen.

Vollmacht
Schriftstück, mit dessen Hilfe Sie Ihren Vertreter beauftragen, bei einem Versteigerungstermin teilzunehmen und mitzubieten. Die Vollmacht muß notariell beglaubigt sein.

Vollstreckungsversteigerung
Auch Zwangsversteigerung genannt. Hier haben die Gläubiger des Voreigentümers die Versteigerung anberaumt, weil der Schuldner seinen finanziellen Verpflichtungen nicht nachgekommen ist.

Wertgutachten
In den Objektunterlagen zu findende Ausarbeitung über den Verkehrswert der zu ersteigernden Immobilie. Oft ist es ratsam, als Versteigerungsinteressent selbst einen Sachverständigen zu beauftragen, ein neues Gutachten anzufertigen.

Wohnungsbauprämie
Finanzspritze vom Staat, die Bausparer unter bestimmten Voraussetzungen (Einkommensgrenzen beachten) erhalten.